WEST POINT

西点军校对学生的要求，正是 21 世纪的企业管理者所必备的。

——《哈佛商业评论》

西点军校文化教育课程总目标：毕业生能够有效地预见并适应一个在技术、社会、政治、经济等方面都在不断变化的世界。(Graduates anticipate and respond effectively to the uncertainties of a changing technological, social, political and economic world.)

西点军校

送给员工的职场礼物

杨立军◎编著

学林出版社

图书在版编目(CIP)数据

西点军校送给员工的职场礼物 / 杨立军编著. —上海：学林出版社,2012.6
ISBN 978 - 7 - 5486 - 0353 - 5

I.①西… II.①杨… III.①企业管理—职工培训
IV.①F272.92

中国版本图书馆 CIP 数据核字(2012)第 110645 号

西点军校送给员工的职场礼物

编　　著——杨立军
责任编辑——叶　刚
封面设计——周剑峰

出　　版——上海世纪出版股份有限公司　学林出版社
　　　　　　地址：上海钦州南路81号　　　电话/传真:64515005

发　　行——中国图书进出口上海公司
　　　　　　地址：上海市广中路88号　　　电话:36357888

排　　版——南京展望文化发展有限公司

字　　数——20万

书　　号——ISBN 978-7-5486-0353-5/F · 23

前言

  在横贯美国纽约州的哈德逊河西岸,河水围着一块近 50 平方公里的岩石坡奔流曲折而过,这块岩石坡被称为"西点",上面坐落着举世闻名的美国军事学院(The United States Military Academy at West Point),也就是我们所熟知的西点军校。

  西点军校是一所培养了无数领袖人物的顶级高校。让我们来看一下这所高校所培养的一些显赫的名字:美国南北战争中的北方联邦军总司令格兰特;南部联盟军总司令罗伯特·李将军;第一次世界大战中美国远征军总司令约翰·潘兴;第二次世界大战中的太平洋盟军统帅麦克阿瑟;欧洲战场盟军总司令艾森豪威尔,第 12 集团军群司令布雷德利;第 3 集团军司令巴顿;中印缅战区司令史迪威;侵越美军司令威斯勃兰特;海湾战争中央总部司令施瓦茨科普夫;科索沃战争美军指挥官克拉克将军等。

  美国有史以来一共只有 5 位五星上将,其中有 4 位毕业于西点:艾森豪威尔、麦克阿瑟、布雷德利、阿诺德。

  随着时代的发展,西点军校并不仅仅着眼于军官的培养,而是对学生有着全面的发展定位,尤其着力于对学员性格、纪律、毅力等方面进行塑造,因此其培养的不仅是一名军人,而是美国社会的精英!

西点曾经培养出两届美国总统,分别是:尤利乌斯·格兰特,1843年毕业于西点,1869年起担任了两届美国总统。德怀特·艾森豪威尔,美国第34任总统,1915年毕业于西点,陆军五星上将。除了总统之外,美国两任赫赫有名的国务卿黑格和鲍威尔,也是毕业于西点。

西点军校毕业生在商界的地位同样不可小觑。根据美国商业年鉴统计,第二次世界大战后,在美国500强企业中,有一千多名董事长、两千多名副董事长、五千多名董事和总经理毕业于西点军校。这个数字可以说超过了几乎所有赫赫有名的商学院。可口可乐和通用电气均有总裁出自西点军校,军火大王杜邦,巴拿马运河总工程师戈瑟尔斯,第一个在太空中行走的宇航员怀特……

无论从政治上还是商业上,西点军校一代又一代的毕业生都深深地影响着美国乃至世界的历史,反映着社会文化的变迁和进步。难怪曾经有一位西点校长感叹道:"西点所教授的历史大部分其实正是由西点学生本身创造的。"

西点的荣耀由其学员所创造,而正是其独特的人才培养模式塑造了这些伟大的人物。曾任西点军校社会科学系主任的乔治·林肯将军曾经说过:"纪念碑上的刻字并不能代表我们的成就。只有在西点学生的品格和能力发展上留下印记,才能算是我们完成使命的纪录。"

西点军校从不曾自满于曾经的荣光,而是力求做到与时俱进。从招生规模到课程设计以及校园活动的安排,都透露出西点军校打造一流人才的愿望。正如同其使命所述的那样:"教育、培训并激励学员履行'责任、荣誉、国家'的价值观,成为值得托付的领导者,成为卓越的专业人士,成为服务于美国军队的军官。"(To educate, train, and inspire the Corps of Cadets so that each graduate is a commissioned leader of character committed to the values of Duty, Honor, Country; and prepared for a career of professional excellence and service to the Nation as an officer in the United States Army.)

西点军校培养了一代又一代领袖人才,绝非偶然,而是因为两百多年来,西点军校都秉持着严格的准则去磨炼和发展西点人。《哈佛商业评论》曾经这样评论过:西点军校对学生的要求,正是 21 世纪企业管理者所必备的。换而言之,西点的这些法则正是企业员工最为需要的能力和素质;可以说是西点军校送给员工的一份最好的礼物。

因此本书旨在帮助读者分析了解西点军校的人才培养模式,总结西点军校的经典法则,并着眼于用西点军校的经典法则指导企业员工,帮助企业员工塑造自己的职业精神,继而打造自身卓越的行动力,最终达成职业理想。

CONTENTS

目　　录

用西点军校的法则建立卓越行动力

战场上的雄狮是
怎样练成的？

☆ 西点军校的使命与荣光

☆ 西点式的人才培养

☆ 西点式的经典法则

西点军校的
使命与荣光

　　西点军校是一所培养了无数领袖人物的顶级高校。据统计，有3 700余位将军、数千名世界500强高层管理人员毕业于西点军校。无论从政治上还是商业上，西点军校一代又一代的毕业生都深深地影响着美国乃至世界的历史，反映着社会文化的变迁和进步。

　　西点军校从不自满于曾经的荣光，而是力求做到与时俱进。从招生规模到课程设计以及校园活动的安排，都透露出西点军校打造一流人才的愿望。正如同其使命所述的那样："教育、培训并激励学员履行'责任、荣誉、国家'的价值观，成为值得托付的领导者，成为卓越的专业人士，成为服务于美国军队的军官。"

走进西点军校

　　在横贯美国纽约州的哈德逊河（Hudson River）西岸，河水围着一块近50平方公里的岩石坡奔流曲折而过，这块岩石坡被称为"西点"，上面坐落着举世闻名的美国军事学院（The United States Military Academy at West Point），也就是我们所熟知的西点军校。

　　说起西点军校的历史，就不得不追溯到美国的独立战争。西点位于哈德逊河S弯道的拐点之处，哈德逊河流经西点时因为弯度大而河水湍急,过往的大型船舶经此不得不减速,如果敌船来犯,就会因为减速而受到攻击。因此西点占据河西岸居高临下的高地,颇有些"一夫当关、万夫莫开"之势。到了美国独立战争期间,哈德逊河成为当时美国和英国掌握战争主动权的控制焦点,因此西点镇也就成为美军防御的战略要地。

独立战争胜利后,美国开国元勋乔治·华盛顿就选中西点为堡垒建筑点,着手建立一所军事院校,培养最顶级的职业军官和军事技术人才。华盛顿曾经说过:"西点好比打开美国的一把钥匙,在这里创办这所军事学校是美国发展的头等大事。"可见建立西点军校的战略意义。

1802年7月4日,美国独立纪念日这一天,美国历史上的第一所军校——西点军校宣告成立。首批学员不过寥寥数人,其中包括后来被称为"西点之父"的西尔韦纳斯·塞耶上校。塞耶上校学习了拿破仑的军事教育思想,研究了欧洲著名的军事训练方法和办学经验,并在此基础上对西点进行了全面而又卓有成效的体系建设,明确了清晰的办学方针和原则,提高了西点的学术水准,严明了军事纪律,更创建了学员自我约束的"荣誉制度",奠定了西点军校在美国历史上的特殊地位。

西点军校从成立第一天开始就把培养第一流的军官作为办校的宗旨,在学员入学条件方面秉承严格的要求,对学员的学业成绩、体育能力、身高都有着明确的标准。西点军校的学制为四年,课程包括文科、理科、军事科学、工程、信息、反恐、国际安全法和体育等各个方面,每年的暑期还会进行严酷的野外训练。由此可见西点军校人才培育的高要求和高目标,或许也正是因为这样,经过了二百多年的发展,西点军校诞生了许许多多各行各业的领袖人物。

西点军校的领袖人物

二百多年来,西点一直被称为"美国将军的摇篮",是培养顶级军官的地方。西点培育了一代又一代名将和军事人才,从南北战争到海湾战争,西点军校的毕业生创下了举世瞩目的辉煌战绩。

如果我们细心阅览美国军事发展的历史,就会发现每一页精彩的篇章都留下了西点毕业生的辉煌足迹。凡是有美国参与的战争,就一定有西点军校毕业生的身影。

曾经有人统计过,在美国内战的 60 次重大战役中,西点毕业生指挥的战役高达 55 次;在第一次世界大战中,参战的 38 个军团和师团级司令之中有 34 个来自西点;在第二次世界大战中,美国陆军的 90 多个师团司令官毕业于西点军校,而二战后受英国首相邱吉尔表彰的最杰出的 30 名美国将军中,有 21 名是西点军校的毕业生。

让我们来看一下这些显赫的名字:美国南北战争中的北方联邦军总司令格兰特;南部联盟军总司令罗伯特·李将军;第一次世界大战中美国远征军总司令约翰·潘兴;第二次世界大战中的太平洋盟军统帅麦克阿瑟;欧洲战场盟军总司令艾森豪威尔,第 12 集团军群司令布雷德利;第 3 集团军司令巴顿;中印缅战区司令史迪威;侵越美军司令威斯勃兰特;海湾战争中央总部司令施瓦茨科普夫;科索沃战争美军指挥官克拉克将军等。

西点毕业的军官的足迹遍布全世界,从北非的沙漠到太平洋的荒岛都曾经有过西点毕业生叱咤风云的踪影。

美国有史以来一共只有 5 位五星上将,其中有 4 名毕业于西点:艾森豪威尔、麦克阿瑟、布雷德利、阿诺德。

曾经有一位西点校长感叹道:"西点教授的历史大部分其实正是由西点学生本身创造的。"看似有些狂妄的一句话却道出了事实,尤其在西点军校成立的前一百年,可以毫不夸张地说,没有一个学校能够像西点军校那样为美国培养了如此之多的有影响力的公民。直至今日,美军中大多数将校军官出自西点军校。

然而西点在培养人才方面的野心还不止于此。随着时代的发展,西点军校并不仅仅着眼于军官的培养,而是对于学生有着全面的发展定位,尤其着力于对学员性格、纪律、毅力等方面进行塑造,因此其培养的不仅是一名军人,而是美国社会的精英!

西点曾经培养出两届美国总统,分别是:尤利乌斯·格兰特,1843 年毕业于西点,1869 年起担任了两届美国总统。德怀特·艾森豪威尔,美国第 34 任总统,1915 年毕业于西点,陆军五星上将。除了总统之外,还有两任赫赫有名的国务卿:黑格和鲍威尔,也是毕业于西点。

西点军校毕业生在商界的地位同样不可小觑。根据美国商业年鉴统计,第二次世界大战后,在美国 500 强企业中,有一千多名董事长、两千多名副董事长、五千多名董事和总经理毕业于西点军校。这个数字可以说超过了几乎所有赫赫有名的商学院。可口可乐和通用电气均有总裁出自西点军校,国际银行主席奥姆斯特德,军火大王杜邦,巴拿马运河的总工程师戈瑟尔斯,第一个在太空中行走的宇航员怀特……政治家、企业家、科学家,西点培育了无数英雄、领袖、将军和权贵,美国历史和这所学校难解难分。

西点军校建校两百周年时,美国资深学会为西点军校在美国国家历史博物馆举办了一次西点军校历史文物展览,主题就是:"美国国家的形成,1802 到 1918 年的西点。"

西点的荣耀由其学员创造,而正是其独特的人才培养模式塑造了这些显赫的人物。曾任西点军校社会科学系系主任的乔治·林肯将军曾经说过："纪念碑上的刻字并不能代表我们的成就。只有在西点学生的品格和能力发展上留下印记，才能算是我们完成使命的纪录。"

西点式的人才培养

西点军校官方名称为"美国军事学院",因坐落于哈德逊河西岸的高点而被命名为"西点军校",那一片几百平方公里的土地亦被命名为"西点国家军事保护区"。与此相应的,西点军校的学生也常常被称为"西点人"(West Pointers)。

要成为一名真正的西点人,不仅仅是考入西点军校成为一名西点在校生那么简单。在校期间他们需要经受许多的考验,需要应对比一般高校更为繁重的课程安排,并需要达成西点为其人才培养所设定的一系列要求。

西点军校的课程目标

西点军校是这样明确其文化教育课程总目标的:毕业生能够有效地预见并适应一个在技术、社会、政治、经济等方面都在不断变化的世界。(Graduates anticipate and respond effectively to the uncertainties of a changing technological, social, political, and economic world.)

对应于这样的课程目标,西点军校对其毕业生的要求自然也不低:毕业生应当成为值得被委任的领导者,具备充分的智慧和道德责任感,接受充分教育,拥有专业技能水平、道德水准和强健的体魄。(… commissioned leaders of character who, in preparation for the intellectual and ethical responsibilities of officership, are broadly educated, professionally skilled, moral-ethically and physically fit …)

有鉴于西点军校的这种高标准和严要求，其课程设计的目标也是非常严苛的。在数理科学方面，西点人必须能够运用应用性的科学、数理和计算机技能来思考和解决复杂问题；在工程科技和信息科技方面也需要掌握充分技能来应对不断变化的科技环境。在历史和文化发展方面，西点人需要对全球文化差异具备基本了解；在行为学方面，西点人需要理解个人和组织以怎样的行为模式去获取社会、政治和经济目标。不仅如此，西点对其毕业生在各项综合能力素质领域的要求更是毫不含糊，西点人必须在沟通和创造力上有着卓越的表现，并展现出追求持续进步的能力和愿望。

在公认的高标准驱使下，从 1933 年起，西点军校的毕业生不仅能够获得学士学位，还能够获得一个美军准尉的军衔。然而这样的双重荣誉并非轻易能够获得的。每位西点人必须在四年中修满一百个基本大学教育学分，二十七个专业课学分以及三十余个选修学分。以每门课三个学分来计算，西点学生的四年学生生涯可以说任重道远。

曾经担任西点军校校长的五星上将麦克阿瑟这样评价过西点人的培养目标："我们需要的是战场上的狮子，由一头狮子带领的羊群能够战胜一只羊带领的群狮！"

因为这样的目标，西点军校对于西点人的培养可谓野心勃勃，在其领导力发展手册中，明确了西点军校的人才发展模型，一个全方位打造西点毕业生综合能力的发展框架。

西点军校的人才发展模型

西点军校通过两百余年的教学探索,随着历史文化的变迁,顺应着时代的潮流,明确了属于西点军校的独特的人才发展模型。

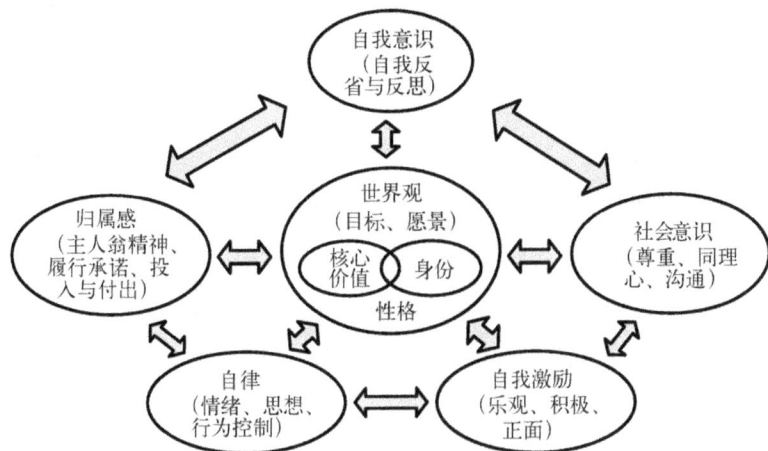

西点军校人才发展模型

注:译自西点军校领导力发展手册

如"西点军校人才发展模型"一图所示,西点军校主张的人才发展核心在于世界观的形成,包括个人目标的确立和个人愿景的构建。

首先,西点军校认可的人才必须具备明确的自我意识,通过不断的自我反省与反思发现自身的核心价值观,明确自己的身份定位,加强性格的塑造,用更为全面和完整的角度来理解自身的经历和看待这个世界。

其次,西点军校倡导每位学员都必须对相应的组织和机构具备充分的归属感。为此西点军校充分发展学员的责任感,促使学员参与各种具有挑战性的活动,并力争做到最好。

　　自律性一直以来是西点人自傲的优点。西点军校要求学员懂得管理自己的情绪、思想和行为，加强自我调节，从而真正成为自己的主人。

　　西点军校致力于培养学员具备克服一切困难的勇气，因此尤为倡导学员进行自我激励。无论是面对西点军校的魔鬼训练营，还是毕业生将来面对职场甚至战场的磨砺，他们都需要乐观并充满期待地去努力克服困难。

　　西点军校的人才发展模式最后强调的一点就是，学员社会意识的发展。当学员具备了自我意识、自我约束和自我激励的能力，具备了相应的组织归属感之后，他们还需要明确自己在社会中立足的位置，学会尊重、同理心和沟通的技能，懂得如何与他人合作。

　　西点军校的历史文化传统、校训、人才发展模式以及课程目标等共同构成了西点军校的特点。而这些特点可以被归纳总结为一系列法则，可以被称之为西点军校的经典法则。

西点式的经典法则

西点军校培养了一代又一代领袖人才,绝非偶然,而是因为两百多年来,西点军校都秉持着严格的准则去磨炼和发展西点人。《哈佛商业评论》曾经这样评论过:西点军校对学生的要求,正是 21 世纪企业管理者所必备的。

在总结西点军校的经典法则之前,我们首先需要了解西点军校驰名于世的校训:责任、荣誉、国家。

西点军校的校训

"责任、荣誉、国家"(Duty,Honor,Country)是西点军校的校训,也可以说是西点军校最为经典的法则。这一校训指引着一代又一代西点毕业生的做人之本、立业之源。

西点的校训源于 1962 年曾任西点校长的五星上将麦克阿瑟在西点授勋仪式时的演讲,麦克阿瑟在对西点军校生的演讲中这样说道:"责任、荣誉、国家",这三个神圣的词决定了你们应该做什么,你们能够做什么,你们将要做什么。

责任—荣誉—国家是您振奋精神的起点;当您似乎丧失勇气时,由此鼓起勇气;似乎没有理由相信时重建信念;当信心快要失去的时候,由此产生希望……

　　它们塑造您成为国防卫士；使您软弱时能够坚强起来，畏惧时有勇气面对自己。在真正失败时要自尊自强，不屈不挠；成功时要宽容谦和，要身体力行不崇尚空谈；要学会管理压力懂得直面困难和挑战的刺激；要学会巍然屹立在风浪之中……它们在你们心中创造奇境，永不熄灭的进取精神，以及生命的灵感与欢乐。它们以这种方式教导你们成为军官或绅士。

　　您所率领的是哪一类士兵？他们可靠吗？勇敢吗？他们有能力赢得胜利吗？他们的故事您全都熟悉，那是美国士兵的故事……在年轻力壮的时期，他们奉献出了一切与忠诚，他无需我与别人来颂扬，他们自己写下了自己的历史，用鲜血写在敌人的胸膛上。可是，当想到他们在灾难中的隐忍，在战火里的英勇，成功时的谦虚，我满怀的赞美之情是无法言状的……

　　当我听到合唱队在唱着昂扬的歌曲，在记忆中，我看到第一次世界大战中蹒跚的行列，在透湿的背包的重负下，从大雨到黄昏、从细雨到黎明，疲惫不堪地行军，沉重的脚踝深深踩在弹痕斑斑的泥泞路上，进行你死我活的斗争……他们从不犹豫，毫无怨恨，满怀信念，嘴边唠叨着继续战斗直到胜利的希望而死。他们信奉责任—荣誉—国家……这几个名词的准则贯穿着最高的道德准则，并将经受任何为提高人类文明的伦理或哲学的检验。它所要求的是正确的事物，它所制止的是谬误的东西……

　　"责任、荣誉、国家"这一校训奠定了西点军校最根本的法则，而细细研究和阅读西点军校的校训、使命、成功案例、领导力发展手册等材料，或许可以将西点军校的经典法则总结为若干原则、某种精神和特定的态度。

西点军校的原则、精神和态度

有关西点军校的经典法则所反映的若干原则,首先是有关责任的原则。责任可以说是西点军校对学员首要的要求。在美国高校学费普遍昂贵的情况下,西点军校却提供免费的教学和食宿,而这一举措的先决条件就在于学员在加入西点军校的那一刻开始,就表示向学校承诺在必要时履行应尽的责任和义务。

其次是有关荣誉的原则。西点军校有着严格的荣誉制度,遵守、维护和监督荣誉制度的执行,是每个西点人的必修课程。

服从纪律是西点人必须遵守的原则。西点称之为"自觉的纪律",其职业教育总方针明确指出:自我约束是一种值得特别关注的性格品质,与正直精神一样,贯穿于模范的履行职责和个人行为的所有方面。

西点坚信,正直和忠诚才能带来荣誉。从西点走出来的陆军部长牛顿·贝克说过:士兵做不到正直和忠诚,就是拿伙伴们的性命开玩笑。对士兵来说,这一问题已经不再是什么自豪自尊的问题,而是一种绝对的需要,这就迫使西点要求学员养成一种优秀的品格,即毫不含糊,不打折扣,绝对正直和忠诚的品格。

西点军校的经典法则同时还反映出某种属于西点的精神,有关意志、勇气、竞争和自发的精神。如同西点最著名的那句名言所说的那样:永远没有失败,只是暂时停止成功。对于西点人来说,他们决不惧怕失败,他们永远不会放弃。在西点校园中,很少听到"我不行"这样的话。在工作、学习和生活中,一旦上司有所要求,他们都会回答"我一定做到","我能行",最低限度也要回答"我执行"或"是",而不是对于下达的任务进行推诿或反复协商。也正因为这样一些西点精神的存在,曾有一任西点校长有过这样的名言：给我任何一个人,只要不是精神病人,我都能把他训练成一个优秀的人才！

西点军校的经典法则还能够发映出一系列态度,有关热忱、信念、团队和尊重的态度。西点人总是要求自己将每一个细胞都调动起来去实现目标,他们把信念比作生命航船的舵,而热情则是促使船全力前行的帆。他们更懂得在这向前航行的船只上,他们离不开队友的帮助和团队的力量,因此他们更懂得尊重和合作。

"战场上的雄狮是怎样炼成的?"西点人的领袖精神就来自这些经典法则的打磨。而这些法则正是企业员工最为需要的能力和素质;因此这些原则、精神和态度对企业员工而言,可以说是一份最好的礼物。

首先用西点军校的法则塑造自己的职业精神,继而打造自身卓越的行动力,相信最终必然能够达成自己的职业理想！

用西点军校的法则
塑造职业精神

☆ 全心全意，尽职尽责

☆ 没有任何借口

☆ 工作无小事

☆ 以企业的商业标准处世

☆ 严格履行企业的承诺

全心全意，尽职尽责

如同麦克阿瑟上将在奠定西点军校校训的演讲中所说的那样："责任、荣誉、国家"，这三个神圣的词决定了你们应该做什么，你们能够做什么，你们将要做什么。因此承担"责任"是每一个西点人昂首挺胸生存于世的首要准则。

西点军校的学员都非常熟悉这样一句名言："人生所有的履历都必须排在勇于承担责任的精神之后。"根据西点军校的学员章程规定，每个学员无论何时，无论何地，无论是否穿着军装，无论是否在担任警卫、值勤等公务还是在进行自己的私人活动，都有责任履行自己的职责和义务。而这种履行则是发自内心的责任感，而不是为了达到某种目的或者获得奖赏。

虽然这样的要求非常严格，但西点认为，没有责任感的军官不是合格的军官。这样的要求，在成为一个优秀的企业员工时也同样适用。没有责任感的员工显然也不是合格的员工。

责任是个人价值实现的前提

任何一个拥有才华和抱负的人都希望自我价值能够完美体现，但是并不是所有拥有才华和抱负的人都可以真正地实现自我价值。这其中有方方面面的原因，最重要的一点是因为他们不知道实现自我价值需要的前提，不清楚把才华发挥出来也需要前提，这个重要的前提就是责任。

很多人在遇到问题的时候总是会不断地抱怨环境没有给他提供良好的支持，或者抱怨别人如何不公正地对待自己，而从来不愿意反思自己是不是缺少什么。其实，缺乏责任感的才华仿佛是一架失控了的战车，虽然它非常的强而有力，但是对接近它的人和事物却可能产生伤害。

西点1966届的毕业生托尼森曾经在他的作品《西点军校领导课》中提到许多他自己的故事，从中我们不难发现他勇于承担责任的态度。

托尼森毕业后自愿申请去了越南服役，被派往越南金兰湾，他的职责是负责修筑沿海地区的公路。以托尼森工兵团少尉的身份，再加上是美国大兵，他完全可以在此次修建公路的时候远远地监督工程的进度即可，但是他却实打实跟着大家一起同甘共苦。他对自己说：只要他们的双脚踩在泥水里，我就决不应该让自己的双脚干着。他在作品中还提及：西点教导我必须清楚自己的责任，西点的训练让我懂得敢于承担自己的职责，这也是实现自我价值的前提。

责任是实现个人价值的前提，然而工作中却总是有很多人，一味抱怨自己壮志未酬，却没有深层次思考自己是否履行了责任。一旦"不尽责"成为一种习惯，失败就是一种必然结果。员工玩忽职守或许会给企业带来灾难，或许只会给企业带来稍许经济损失，但对员工本人却必然是毁灭性的打击。

曾经在工作中遇到过一些颇有才华的年轻人，但凡在工作中遇到一点不满意之处，就认为自己的价值没有得到体现，久而久之，仿佛尽职尽责就是委屈了自己的那几分才华。却不知，只有尽责才能体现他们的个人价值,反之他们的那些才华没有益处只有害处,最终也只能被社会和企业竞争的潮流抛在身后。

让我们来看一则西点军校历史上最具影响力的军事指挥家之一的潘兴将军的故事。约翰·约瑟夫·潘兴,曾经担任西点军校战术教官,他的指挥才华和战略谋略在美军对墨西哥进行武装干涉,以及美国宣布参加第一次世界大战中发挥得淋漓尽致,同时也对第一次世界大战产生了较大的影响。潘兴将军是如何获得如此显赫的战功的呢?这与他在成长中所受责任感教育有着密切的关系。

1860 年 9 月 13 日,约翰·约瑟夫·潘兴出生在密苏里州林恩郡拉克利德镇的一个普通家庭。不久后由于美国经济大萧条的到来,他的家庭很快就陷入危机——他的父亲破产了。当时,由于父亲的破产,潘兴的大学梦也因此化为了泡影。为了维持家庭正常的生机,潘兴不得不自谋生路。

1876 年,年仅 16 岁的潘兴来到一所小学教课,尽管只是一份普通的工作,但潘兴却视此为自己的责任,尽自己的全力去做。不久之后,他从报纸上看到了西点军校开始招生的简章,潘兴决定抓住这次机会。

1882 年,是潘兴的人生转折点,他成为西点军校的学员,开始在西点军校接受良好的军事教育,并且这样的教育给了他系统的培养和性格的塑造,造就了潘兴无比坚定的意志和强烈的责任感、以及恪尽职守的品质。他曾经这样说过:如果某件事值得做,那么就应该尽职尽责地做好。

潘兴的这种精神得到上司和长官的认同。1917 年 4 月 6 日美国对德国宣战后,美国政府为了能够在战后的谈判桌上争取更大的发言权,在英、法要求下决定向欧洲派遣远征军。威尔逊总统任命潘兴为远征军司令,哈博德为参谋长。

潘兴预见到西线战场将会变得更加危急,美国必须派出大批部队参战,才能有进攻的优势。但是当时的美国在各国中军事实力较弱,因此英法等协约国完全不信任美军能有多大的作战能力,他们决定把美军编入英法等军队中充任后勤。

潘兴对这种布置极为不满,这样的安排不能有效履行他们作为军人的责任,也无法体现自身的价值。因此潘兴极力坚持美军的独立性和完整性,并力主美国增加兵力于欧洲战场。他在力主大量增兵欧洲战场的同时,已经做好了独立作战的准备,他的主张最终得到总统威尔逊的支持。

1918年,在潘兴的正确指挥下美军在坎蒂格尼战斗中大获全胜,而英法等国却在节节败退。远征军的胜利让潘兴欢喜异常,他立即致电美国国防部:"我坚信,我们的军队在欧洲首屈一指,我们的参谋人员不比任何军队逊色。"可以说,潘兴主导的战役的成功为美军获得一战后有利的谈判地位尽到了自己的责任。

潘兴的军事生涯在第一次世界大战中达到巅峰,其指挥艺术和谋略在此期间得到充分的发挥。正如英国军事理论家利德尔·哈特在《十年后的声望》一书中指出的那样:"在这个世界上,可能不会有第二个人能像潘兴将军那样把美军建成如此规模的部队。没有这支部队,第一次世界大战不可能出现转机,更谈不上取胜。"

第一次世界大战结束后,潘兴曾出任美国陆军参谋长,3年之后就离职退役。晚年,他曾接受英国两所著名大学的荣誉学位及法国一所大学的荣誉会员称号。潘兴葬于阿灵顿国家公墓。在他的墓碑上,人们清晰地看到"最后的军号声响,我要和我的士兵奋起"。

潘兴一生的军事生涯充分体现了其个人的军事才华,也实现了他个人的人生价值。而这一切都是建立在他的尽职尽责的态度之上。

如果潘兴在一战中只是躲在英法背后做后勤,相比之下必然更安全,而且不必担心承担任何责任。然而,不履行责任又何来价值的体现? 没有责任感的驱使,潘兴又如何能够获得名垂青史的功绩,甚至美国在一战之后的话语权都和他的尽职尽责密切相关。

生活和工作也是如此。为了能够在市场竞争中获得胜利增强竞争力,公司就必须设法激发每个员工的责任感。因为没有尽责的员工就没有办法为顾客提供高质量的服务,没有尽责的员工也无法生产出高质量的产品。

员工的全心全意、尽职尽责,不仅对公司有益处,符合老板的利益诉求,事实上也能够让员工体现价值,从而把握机会。如果可以将尽责转变为自己的一种习惯,那么便可以在尽责的过程中学习更多的知识,累积更多的经验,进一步实现自己的价值。这是一个企业和员工双赢的机遇。

决不推卸责任

推卸责任对于西点军校的人来说是一种奇耻大辱。西点人觉得没有任何事情比起承担起整个国家安危这个责任更为重要和伟大。就像西点毕业生罗伯特·爱德华·李所说的,"责任在我们西点人的语言里是一个最崇高的字眼。做所有的事情都应尽职尽责,做任何的事情不可以越俎代庖,也永远不能得过且过。"

学员一旦加入西点,成为一名西点人,就要宣誓忠诚,并把自己和普通学生区别开来。学员接受了与职务相符的所有特权,也必须承担应尽的义务。这些义务提醒学员牢记必须承担起神圣的职责,它远高于个人感情或友情。

西点认为战士无论是在胜利还是失败时,都必须坚守岗位。这是一名战士的职责所在,不容违反,更不允许惧怕承担责任从而推卸责任的情况存在。

二战时,艾森豪威尔将军指挥英美联军横渡英吉利海峡,计划在法国诺曼底登陆。这次的登陆事关重大,然而就在万事俱备之际,英吉利海峡却狂风暴雨风云突变。数千艘战舰泊在海湾等待时机,数十万名军人被困岸上进退两难。

终于气象学家送来了好消息,天气将来 3 小时之后变得晴朗。艾森豪威尔明白这是个能够对敌人攻其不备的绝佳时机,但是其中仍然暗藏危机,假如气候情况不如预期,那么军队就可能遭受很大的损失。

艾森豪威尔慎重考虑之后,决定发起总攻,之后的结果想必大家都知道,这一场战役就是历史上著名的扭转二战局势的"诺曼底登陆"。

但在发起总攻之前,艾森豪威尔在日记中记录下这一刻的决定并承诺了责任的归属,他写道:"我决定此时此刻发起总攻,是基于当时情况下所能得到的情报和现实状况作出的最佳决定。但如果事后有任何不尽如人意之处需要有人承担责任,那么就由我来一力承担。"

正是这种不逃避责任不推卸责任的态度令艾森豪威尔获得了无数人的爱戴和支持,并在若干年后被选举为美国总统。

不要觉得等到一切条件都成熟了,都准备好了才想要承担责任,而因此总是推卸眼前应该承担的责任,这样的做法是非常愚蠢的。随时准备好承担重大责任,这才具备把握机会的能力。如果平时都不能够承担应当承担的责任,即使等到今后条件成熟了以后,你也不可能承担起重大的责任,这样也不可能做好任何重要的事情。

其实,不论是一名军人还是一个普通人,尽职尽责都十分重要。

权利与责任是对等的，没有谁能享有权利而逃避责任。

在企业中，每个员工也都有自己的职责，做好本职工作是每个员工必须做到的。一名不尽责、不合格的员工无论走到哪里都不会得到太大的发展。

西奥多·罗斯福曾在任命乔治·华盛顿·戈瑟尔斯（Goethals，西点1880级学员）负责接管巴拿马运河工程时说："我需要人们一直坚守岗位，直到我不愿再让他们待在岗位上，或者我说可以放弃任务。因此我决定把工程移交给军队。"西点人的责任意识是所有人公认的，因此当巴拿马运河工程被乔治·华盛顿·戈瑟尔斯的两位前任放弃时，罗斯福选择了由这位西点军人接管工程。

詹姆斯·伍兹是美国著名演员，曾先后获得金球奖和埃米金像奖。主演过的非常多电影，其中最著名的是《迫在眉睫》、《密西西比谋杀案》、《西点揭密》、《挑战星期天》等。

作为这样一位知名演员，他用父亲给他的教育结合自己的感受，给年轻人以劝戒，希望他们能担负起家庭和社会的责任。

詹姆斯·伍兹始终认为自己如今的成功，首先要感谢自己的父亲，他把自己的父亲称作是一个"安静地躺在墓地里，却还在关怀和照料着我们"的人。他这样说：

我的父亲戎马一生。他和母亲在童年都正好遇上大萧条时期，所以他们很注意让自己的孩子得到他们自己在童年渴望得到但却没有得到的东西。

在我9岁的时候，父亲要做心脏手术，输血的血型配得不够好，结果产生输血反应。在最后的5天里，他意识到自己将不久于人世。他在去世的那一天打电话给我当时才3岁的弟弟，对他说自己已经去世了，去了天堂。他说："上帝让我打电话给你，跟你说声再见。你不要害怕，也不要难过，因为我很好。我是想让你知道我很想念你。"

父亲没有给我打电话，而是写了封信。他在信中对我说，他为我在学校里的成绩感到骄傲。他说他希望我有一天能上麻省理工学院——后来我果真上了麻省理工学院。他还对我说，他相信我无论做什么事，只要尽力肯定都会成功的。

母亲和父亲只为一件事真正争吵过，这事涉及钱。父亲想要为我们已经抵押出去的住房买份保险。他对母亲说："这笔投资是省不得的。要是我有什么不测，你和孩子们还能保住这屋子。"

"我们没钱买保险。"母亲说。

6个月后，父亲去世了。母亲想，这下我们要被扫地出门了。但在3星期后，保险公司的理赔员带来了一张支票，这笔钱正好是我们所欠的房款。原来父亲在去世前自己设法偷偷省着钱，买了抵押保险，一直在缴付保险费。现在他安静地躺在墓地里，却还在关怀和照料着我们。

我时常想起父亲说的那句话：要赢得尊重，就必须承当起自己的责任。父亲用他自己的一生对这句话作出了最好的阐释。而这句话也已成为我的人生准则。

我们每个人都肩负着对工作、对家庭、对亲人、对朋友的责任，由于有这些责任的存在，我们才会对自己的行为有所约束，才愿意为这些责任作出应有的牺牲。

没有责任就没有尊重，没有责任更不可能有成功。一个逃避责任的人注定失败，而一个勇敢承担责任的人，即使没有傲人的成就，也是一个生活中真正的强者，真正的赢家。

一个代人打理草坪的男孩打电话给布朗太太，他问到："您这里需不需要割草工?"

布朗太太回答道:"我已有了一个割草工,所以不需要了。"

这个男孩又问道:"除了割草之外,我还会将草丛中的杂草拔除。"

布朗太太回答:"这点我的割草工也会做的。"

男孩又说道:"我还会帮你把草坪与走道的四周都修剪整齐的。"

布朗太太回答道:"这点我请的人也已做了,所以谢谢你,我不需要新的割草工人。"

于是,男孩挂了电话。这时候,男孩的室友问他说:"奇怪,你不是就在布朗太太那儿打工割草的吗? 为什么你还要打这个电话呢?"

男孩微笑着回答说:"我只是想知道我做得到底好不好。"

有时候,多问自己几个"我做得如何",就是责任感的体现。工作本就意味着责任。不须承担责任的工作在世界上是不存在的。而你所处的职位越高、权力越大,那么你肩负的责任就越重。面临问题不要害怕承担责任,只要有决心,一定可以承担任何工作中的责任,坚定信心一定可以完成得很好。

责任感能够将人们的一些已有的技能激发出来,可以使得人们做得比自己原先认定的更好。这样,也能够不断树立责任心,抛掉借口,不轻易地推卸应承担的责任。

不要为了任何的原因推卸自己的责任。对于这种人,西点名将巴顿将军的名言是:"自以为了不起的人其实一文不值,如果我遇到这样的军官,我一定会马上调换他的职务。每个人都必须心甘情愿为完成应承担的任务而献身。""而一个人一旦自以为了不起,便会想着如何推脱,寻找借口而远离前线作战。这种人便是地道的胆小鬼!"

其实巴顿将军想要强调的是,在作战中每个人都承担自己应负的责任,去那些最需要你的地方去,做你应该做的事,而不要忘记自己的责任。

无论我们处在什么岗位上,我们都应该尽职尽责,勇敢地承担起责任。因为一个缺乏责任感的人无法获得老板的赏识,也无法真正地融入公司,因为他们无法对公司的事情负起责任,也就无法认真地处理公司的事务。不负责任的员工便不会具备主动进取的精神,这样的员工又怎么可能创造出良好的业绩?

相反,无论处于何种工作环境,只要勇于承担责任,全心全意地投入工作,正如西点军校的学员们那样对企业充满责任感,一切就会大不相同。

尽职尽责比能力更重要

无论员工的能力如何有多强,如果他不能尽职尽责地付出,也就不能为企业创造价值;而一个愿意全身心为企业付出的员工,即便能力稍逊一筹,也能够创造出最大化的价值来。

有时候,一流的人才只能承担二流的任务,而二流的人才却能够完成一流的目标,区别就在于"尽职尽责"这四个字。对于企业来说,一个人是不是人才固然非常关键,但最关键的在于这个人才是不是能够为企业尽职尽责的员工。

卡尔先生是美国一家航运公司的总裁,为了提高公司旗下的一个生产落后的船厂的生产效率,卡尔先生提拔了一位非常有潜质的人去担任厂长。但是过了半年这个船厂的生产状况却仍然无法提高,还是不能够达到生产指标。

于是卡尔先生亲自来到这家船厂来听取生产状况的汇报,"为什么像你这样能干的人才,拿不出一个可行的办法来激励他们完成规定的生产指标呢?"

新任的厂长回答说,"我采取了很多的方法,我曾经加大奖金力度的方法来引诱他们,也曾经用强迫压制的手段来威逼他们,我甚至以开除或责骂的方式来恐吓他们,可是无论我采取什么方式,都改变不了工人们懒惰的现状。我想这些工人就是天生懒惰,实在不行咱们就招聘新人吧!"

卡尔先生来到了工人工作的现场,这时恰逢夜班工人陆陆续续向厂里走来开始工作。突然,卡尔先生拿起一支粉笔,转向离自己最近的一个白班工人,问到"你们今天完成了多少个生产单位?"工人回答"6个。"

于是,卡尔先生便用粉笔在生产车间的地板上写了一个大大的、醒目的"6"字,之后一言未发就走开了。而当夜班工人进到车间时,工人们看到了这个"6"字,就问这个是什么意思。

于是,白班工人告诉他们说这是卡尔先生今天到车间视察之后写下的,"6"就是他们今天完成的生产单位的数量。

第二天早晨卡尔先生又走进了这个车间,发现夜班工人已经将前一天的"6"字擦掉,而换上了一个大大的"7"字。早晨白班工人来上班的时候,看到这个大大的"7"字写在地板上,便觉得是夜班工人认为比他们白班工人表现好,所以他们一定要争口气,要加紧工作给夜班工人一些颜色看! 于是,白班工人留下了一个神奇的"10"在车间的地板上。这样,不久之后这个一度生产落后的船厂比其他的工厂完成的任务还要多很多。

卡尔先生就这样用一个简单的数字便激起了员工对企业的责任感。正是这种责任感使得员工充分发挥出他们的能力,创造出了令人骄傲的业绩。

相对于能力来讲责任感更加重要，任何能力都需要责任感来承载。正如一位总统在一所学校进行演讲时所说的那样："知道怎样将一件事情做好要比其他的事情更加重要。如果比起那些更有能力的人，你能够更加尽职尽责地完成这件事情，那么你就永远也不用担心失业。"

很多自认为自己有能力的人可能都为这样的问题觉得困惑不解：明明自己比别人更有能力，可是为什么最后获得的成就往往不如他人？

其实，在问这个问题之前，应该先问问自己是否真的履行了自己的职责，是否尽到了最大的努力，是否为了创造更大的个人价值而不断充实自己？

如果对于上述的问题都不能够给出肯定的回答，那么这才是你最终无法获得很大成就的原因。

在这，和大家分享一个同样反映责任感重于能力的故事，一个让人感动的故事。

一个漆黑、凉爽的夜晚，在墨西哥市，坦桑尼亚的奥运马拉松选手艾克瓦里吃力地跑进了奥运体育场，他是最后一名抵达终点的选手。

这场比赛的优胜者早就领了奖杯，庆祝胜利的典礼也早就已经结束，因此艾克瓦里一个人孤零零地抵达体育场时，整个体育场空荡荡的。艾克瓦里的双腿沾满血污，绑着绷带，他努力地绕体育场一圈，跑到了终点。在体育场的一个角落，享誉国际的纪录片制作人格林斯潘远远地看到了这一切。在好奇心的驱使下，格林斯潘走了过去，问艾克瓦里，为什么要这么吃力地跑到终点。

这位来自坦桑尼亚的年轻人轻声地回答说："我的国家从两万多公里之外送我来到这里，不是叫我在这场比赛中起跑的，而是派我来完成这场比赛的。"

责任的履行并不是一帆风顺的,当我们面对自己的职责,同时也意识到了履行职责过程中存在的诸多阻隔和困难,那么,是坚持自己的原则,凭着自己的责任感通过自己顽强不屈的努力来尽可能出色地完成你的职责;还是因畏惧、自卑而随随便便找个借口敷衍了事?

如果一个人在学生时代养成了半途而废、懒懒散散的坏习惯,那么今后进入社会时,也不可能出色地完成任何任务。如果出门办事总是迟到的话,别人就会不再信任他的管理能力;如果做事总是拖拖拉拉,别人就会不再托付给他重要的任务;如果撰写文稿总是漫不经心,那么所经手的报告也必然会漏洞百出,别人只能判断他是个缺乏条理,思维也不周密的人。最终这个人只会让人对他失去最后的信心,然后注定成为一个失败者。

一份英国报纸曾刊登一则招聘教师的广告:"工作内容轻松,工作要求:要全心全意,尽职尽责。"

实际上不仅仅教师的工作如此,所有的工作都应该全心全意、尽职尽责才能做好。

无论从事什么职业,都应该精通它。如果泥瓦工和木匠对于技术半生不熟,那么他们将砖石和木料拼凑在一起来建造房屋,会在出手前便毁于暴风雨中;对医术不精的医科学生,不愿在学习上花费更多的时间以学好技术,那么在真正的手术中就会让病人冒着极大的生命危险;律师如果在读书时不注意培养法律素养和能力,那么在实际办案过程中就会显得捉襟见肘,让当事人白白花费金钱……这一切都是极其缺乏责任感所导致的表现。

做任何工作都要下决心掌握自己工作领域的所有问题,要使自己比他人更精通。一旦你成了工作方面的行家里手,精通自己的业务,这便是你能够成功的秘密武器。

要很好地完成工作除了要拥有相应的能力,还要有承载这个能力的工具,那就是责任。责任感是一种激发人们奋进的原动力,是一种支持人们不断前行的精神。它能激发出人们以最大的能力去完成应该承担的责任。

爱默生曾经说过:"责任具有至高无上的价值,在所有品质中,责任应当处于最高位置。它是一种伟大的品格。"科尔顿也曾说过:"人生中只有一种追求,一种至高无上的追求,那就是对责任的不懈追求。"

没有任何借口

在西点军校,有一个广为流传的悠久传统,那就是当学员面对军官问话时,只能有四种回答:

报告长官,是。

报告长官,不是。

报告长官,不知道。

报告长官,没有任何借口。

在西点,你可以根据长官的问题,回答是或不是,对于你所不知道的事情也可以坦白回答不知道,假如长官质疑你的行为,则严禁为自己的行为找借口,而是必须直截了当地回答"No Excuse"(没有任何借口)。

例如长官问西点学员:"为什么队列操练得不整齐?"如果学员们长篇大论地辩解诸如"凑不齐人"、"有人生病了"、"天气炎热"等原因,都会遭到长官的一顿训斥,因为有困难有问题应由他们自己找对策去解决,而不是花时间寻找借口。

只为成功找方法,不为失败找借口

西点军校与一般大学机构的设置有所不同,只有本科教育而没有设立研究生院,因此许多西点毕业的学生如有继续深造的打算,都会选择前往其他学校进一步学习。

一位在哥伦比亚大学读研究生的西点毕业生这样说道："我能够在哥伦比亚大学获得优异的成绩离不开我在西点军校学会了的精神。西点不允许学生找借口，鼓励全力以赴达成目标的精神。在西点，如果我被授予一项任务，那么我必须按时保质保量地完成，没有任何原因或理由可以去抵赖。"

一位名校的研究学者也曾经指出，他所接触的西点毕业生在跟随自己继续研究深造时，给他留下了非常深刻的印象。他这样说道："就态度而言，西点毕业的学员堪称完美。只要我给他们布置一项作业，他们不会埋怨或是找任何借口，而是选择立即动手埋头苦干，全力以赴完成任务。"

西点毕业生亚历山大·黑格将军曾经叱咤美国政坛，肯尼迪、尼克松、基辛格都曾经视他为首席幕僚，黑格成功的秘诀是什么呢？曾经有人总结为这样几点：夜以继日地艰苦工作，卓越的参谋才能，以及与上司亲密无间的合作。就算是黑格的政敌都不禁感叹道："黑格一天工作时间长达 14 个小时，一星期 7 天他总是保持高昂的斗志，从来不会为自己的工作去找任何无用的借口。"

学习没有借口，工作没有借口，自己的人生更是没有任何借口。西点军校就是要让学生们明白，我们无论面对怎样的困难，遭遇什么样的环境，都必须学会对自己的行为负责，都必须全力以赴去完成自己的目标。

如果有一个人，他的人生很失败，就算他为自己找了一千个一万个借口都不能改变失败的事实，如果他在借口中度过余生，那么最终他都只能是一个失败的人。

阿尔伯特·哈伯德是全球闻名的大作家，他一生中最为著名的作品就是《致加西亚的信》，这部作品畅销全球数十个国家拥有数千万的销量。在这部作品中，阿尔伯特描写了一个叫做罗文的士兵。

当时正值美国与西班牙开战，而美国方面打算与西班牙的反抗军首领加西亚取得联系。然而加西亚在古巴丛林的山中，没有人知道他所在的确切地点，所以致加西亚的信是一封不知能否送达的信件。

美国总统迫切需要一名能够把信送给加西亚的人。于是有人向总统推荐了一名叫做罗文的士兵。罗文拿了信，装进油纸袋里封好，然后立即出发，穿越了危机四伏的战区，最后成功地把信交给了加西亚。

从他取信到出发，他没有问："加西亚在哪里？我怎样才能找到他？找不到怎么办？有危险怎么办？"而是选择立即出发矢志完成任务。

如今在管理界，人们把罗文精神定义为一种不找借口立即行动的执行力，是当今企业最看重的一种能力。

人的习惯总是在不知不觉中养成，我们的行为、态度和思考问题的方式渐渐形成一种定式，这就是我们的习惯。第一次为自己找借口，或许你能够成功地为自己开脱并安全渡过难关，然后就难免第二次、第三次地不断找借口，最终变成一事无成，唯一擅长的恐怕也就只有找借口了。

借口如同一块敷衍别人、掩饰过错、推卸责任、欺骗自己的"挡箭牌"。寻找借口的人希望把自己的过失加以掩饰，把自己的责任转嫁到别人身上。这样的人希望通过找寻借口来使自己看起来没有过错，似乎是一个没有过失的员工，殊不知这样的人却是企业最不欢迎也是最不称职的员工；是不被信赖的人。

潘兴将军有一句名言就是："请直接告诉我结果，不必作过多的解释。"

著名的巴顿将军就曾经在潘兴将军旗下效劳,巴顿在他的日记中写过这样一个故事:

有一天,潘兴将军派巴顿去给豪兹将军送信,而巴顿了解所有有关豪兹将军的情报只是说他已通过了西区牧场。于是巴顿天黑前赶到了牧场,没有找到豪兹将军但是遇到了第7骑兵团的运输队,巴顿要了两名士兵三匹马,找到车辙的痕迹继续追进。

追了很久,又遇到了第10骑兵团的侦察队,侦察队告诫巴顿前方可能会有危险,但是巴顿向侦察队要了些干粮和水,继续追进。就这样巴顿穿过峡谷,依靠不断补充干粮和马匹最终找到了豪兹将军,完美地完成了任务。

如果巴顿将军当时遇到困难和风险就回营向潘兴将军找一堆理由和借口搪塞,恐怕潘兴将军不会对巴顿有多赏识,或许世界上从此就少了这样一个具有传奇色彩的名将了。

有趣的是,巴顿将军不仅自己贯彻没有任何借口的精神,在他成为一代名将之后,处理下属军官晋升问题时,他也同样以此为首要准则。巴顿将军曾经在他的回忆录《我所知道的战争》中写过这样一个故事:

有一次巴顿将军想要提拔一个军官,但是候选人有6个。于是巴顿将军把6位候选人全部找来,给他们布置了一个任务:要求他们在仓库后面挖一条战壕,8英尺长、3英尺宽,6英寸深。巴顿将军只说了这么多就走开了,然后偷偷躲在仓库的角落观察这6位候选人。

6位候选人将工具放在仓库后面的地上,沉默几分钟后,开始纷纷讨论起来,有人疑惑:巴顿将军为什么让我们挖那么浅的战壕?6英寸深还不够火炮掩体呢。也有人抱怨：这样的体力活是不是应该找新兵来做？但有一位候选人斩钉截铁的说道："让我们把战壕挖好后离开这里吧，巴顿既然要这样做总有他的理由。"最后巴顿就提拔了这位候选人。

巴顿在回忆录中这样写道："我并非希望所有伙计都不去思考问题背后的原因，但是有建议可以和我提前或稍后讨论，当下接受了命令就必须不抱怨不质疑地立即完成，我想要挑选的是不为任务找借口全力以赴完成任务的人。"

在企业中，适合群体决策的时候很少，任何一个团队，都只应有一个决策层。如果每个员工对决策抱有疑问的话，就不会去切实执行命令，甚至在其间加入个人的意图和想法，结果往往是好事变成坏事，与原来的决策意图大相径庭。

虽然我们提倡职场精英应当学会用"脑子"做事，聪明地完成工作，实现企业目标，但这都是建立在有效履行职责的基础之上。

在企业中，每个人的工作不尽相同，每个人都是这庞大机器上的一个零件，任何一环出错都可能致使机器瘫痪和损坏。我们需要的是做好自己的工作。

许多时候，不同的层次会让我们的关注圈和影响圈不同，作为一名优秀的职场人士，关注本层次能影响到的范围，才是职业化的表现。每个人都有其特定的职责范围，你的职责是别人无法代替的。如果你总是为自己寻找借口推脱，那么你的责职范围势必有人取代，而你因被取代成为可有可无的人，你离失去这份工作也就不远了。

借口的实质是推卸责任。在责任与借口之间，你的选择往往就代表了你的工作态度。选择了借口其实就是一种不负责任的表现。而一旦你曾经因为借口而被免于惩罚之后，久而久之你就会养成习惯，习惯于找寻借口来为自己的过失开脱，习惯于努力找寻借口而非尽一切努力达成目标，并且最终推卸掉自己本应承担的责任。

当遇到自己确实并不知道的问题，我们完全可以回答"我不知道"。回答"不知道"并不可耻，相反是真诚与称职的表现。现在的"不知道"并不代表永远不知道，只要懂得去学习和努力，就只管说"我不知道"。

有一天早晨，我们的客户——一家名列《财富》500强的制造业公司召开了一个重要的项目推介会。我们的项目主管约翰和整个团队把说明情况的各个不同的部分都过了一遍。我把自己的这一部分已经过完了，前一天晚上我一直干到凌晨4点才把它整理完，当时我是筋疲力尽。

当讨论转向另一个部分时（这一部分与我无关，而且我对这一部分也知之甚少），我的脑子开始抛锚了，一个劲地想睡觉。我可以听见团队的其他人在讨论不同的观点，但话从我的头脑里滑了过去，就像水从小孩的手指间流过去了一样。

突然，约翰问了我一句："那么，艾森，你对苏茜的观点怎么看？"我一下就惊醒了。一时的惊吓和害怕妨碍了我集中精力回忆刚才所讨论的内容。多年在常春藤名校和商学院练就的反应让我回过神来，我提出了几条一般性的看法。当然，我所说的也许只能算是马后炮。

如果我告诉约翰"我没有什么把握——以前我没有看过这方面的问题"，我可能会好一点，甚至我这样说也行："对不起，我刚才思想抛锚了。"我想他会理解的，他以前一定有过同样的经历，就像在麦肯锡工作的其他人一样。相反，我却想蒙混过去，结果便是自己信口开河了。

几个星期之后，项目结束了，团队最后一次聚会。我们去了一家快餐店,吃了很多东西,喝了不少啤酒。接下来项目经理开始给团队的每一位成员分发带有开玩笑或具有幽默性质的礼物。至于我的礼物,他递给我的是一个桌上摆的小画框,上面整整齐齐地印着麦肯锡的至理名言:"只管说'我不知道'。"

这是一条明智之极的建议,至今这个画框还摆在我的书桌上。

在现实生活中,更多的人热衷于找寻各种各样的借口,却总是吝啬说"我不知道"。

西点并不认为告诉别人"我不知道"是错误的或是可耻的,相反,所有的西点人都认为在事实情况下回答"我不知道"是一种诚实的表现,是维护自身荣誉与原则的表现,是有责任感的表现。

"我不知道"比不负责任地寻找借口要好许多。与其绞尽脑汁寻找借口来掩饰自己的无知,不如回答一句"我不知道"。

有了错误并不可怕,可怕的是不去改正错误;遭遇失败并不可怕,可怕的是在失败之后不能总结经验再站起来;遇到问题回答"我不知道"也并不可怕,可怕的是不懂装懂,不了解自己的无知。

勇于承认自己不知道的人是充满自信的。自信的人从来不为自己找寻任何借口,借口是懦弱的表现,与其不停为自己找寻借口,不如说"我不知道"。

美国咨询顾问詹姆士·M.布里奇和大卫·G.马奇兰,在一本名为《别找借口:提高业绩、效益的务实之路》的书中提到这样一个故事。

在CEO文森召集的一次销售例会上,4位高级经理参加了会议,其中史蒂夫是财务经理。在听到史蒂夫说,"由于网络故障,下属23个子公司的报表还没有汇总完"的话后,文森大为不悦,"今天必须讨论销售策略调整的问题"。史蒂夫似乎一脸无辜："我知道,但网络出了毛病,我也没办法。"

像这样的故事,在我们的周围可以说天天都在发生。故事中,史蒂夫的说法冠冕堂皇。网络故障听上去就像"自然灾害"一样无法预知,也不是财务经理所能控制的"意外事件"。但是,完成这项工作恰恰是史蒂夫不可推卸的责任。一个具备职业精神的员工,理应积极完成自己的职责,为企业规避风险,没有任何的借口可以推脱。

如果你是史蒂夫,遇到这样的情况,你会怎么办?是积极采取对策,用其他的方法获得数据,还是找各种借口,来推卸自己的责任?

在现实中,人们习惯于花许多时间制造借口,以此来掩饰他们的弱点或者推卸他们本该负起的责任。曾经有一位学者,将我们经常听到的借口分为六大类型:

➤ 我实在是太忙了。

因为太忙了,所以"我"没有完成任务,所以"我"敷衍了事。一句太忙了,将自身所有的责任推卸干净,似乎出现不佳的后果都不是自己的失职,而是客观原因,缺少时间和精力。

这样的借口造成的直接后果就是容易让人养成拖延的坏习惯。整日忙忙碌碌,但是却没有实际产出,原本半天的工作,拖延成几日的工作,这些都直接影响执行的效率。

➤ 此事与我无关。

当任务的执行过程中出现问题,甚至导致失败时,常常有人会说"这项决定并不是我做的"或是"我并不知情","我当时就反对这样做"……这些借口将"不"、"不是"、"没有"与"我"紧密联系在一起,其潜台词就是"这事与我无关",不愿承担责任,把本应自己承担的责任推卸给别人。

但这样的借口,将团队中的"我"与别人完全割裂开,不愿意承担团队的责任,显然并不是责任心或是执行力的表现。一个总是推卸责任的成员,不可能获得同事的信任和支持,也不可能获得上司的信赖和尊重。如果人人都寻找借口,无形中会提高沟通成本,削弱团队协调作战的能力,对于团队和个人的发展都不利。

➤ 我从没受过适当的培训来干这项工作。

工作中,难免遇到一些带有挑战性的任务,是不断学习,提高自己,接受挑战,还是为自己的能力或经验不足而造成的失误寻找借口?现代职场,需要的是学习型人才,这样的借口对于一个职场人士来说是十分不明智的。借口只能让人逃避一时,却不可能让人如意一世。要想在职业道路上越走越远,越走越好,就必须以一种积极的心态去努力学习、不断进取。

➤ 我们的竞争对手各个方面都超出我们许多。

这个借口的潜台词就是"我不行"、"我不可能",因为对手超越我们太多,所以我们根本不可能成功。

事实上,当人们为不思进取寻找借口时,往往会这样表白。这类借口会让人消极颓废,丧失斗志。在工作中,还没有执行,便已经"长他人志气,灭自己威风"了,还怎么可能完成自己的工作,实现企业的目标呢?企业又怎么会需要无法帮助自己实现目标的员工呢?

或许的确面临困难,并且这个困难是客观存在并不以我们的意志为转移的,但是我们却可以通过自身的努力来克服它。我们并不能等所有的外部条件都完善了再开始着手做事,我们能做的唯有立刻行动,不找任何借口。

➤ 以前都是这样做的。

许多时候,面对一些日常工作,我们习惯用惯有的方式去解决和执行,并不思考怎样更好地提高执行效率。当面对他人的质疑或是建议时，借口就应运而生："我们以前从没那么做过，或这不是我们这里的做事方式。"

其实，这种借口的根源就在于员工的因循守旧，缺乏一种创新精神和自动自发工作的能力。借口会让他们躺在以前的经验、规则和思维惯性上舒服地睡大觉，令他们在工作中无法获得创造性的成绩。

➤ 这项任务太难了，没有人能完成。

这也是我们常常使用的一个借口。"没有人能完成"，所以我无法完成才是正常的。这个借口让职业人士面对困难和挫折时，不是积极地想办法克服，而是找各种各样的借口，一心认为失败才是正常的。久而久之，面对工作，斗志全无，面对具有一定困难度的工作，将选择逃避。这种消极心态将剥夺个人成功的机会，最终让人一事无成。

你是否也常使用上述的一种或是几种借口呢？如果是这样，你就要警惕了，碌碌无为在向你逼近，而成功正在渐行渐远。

当我们面对工作时，我们需要花时间寻找方法，而不是思考合理的借口。当我们想要放弃时，我们需要问自己："真的一点办法都没有了吗？真的无能为力了吗？"我们总是回避这些问题，只是一遍遍说服自己已经尽力。我们总是寻找着似乎更具有说服力的借口，却很少想尽办法去完成任务。殊不知，如果将这些制造借口的时间用来矫正自己存在的弱点或是努力完成这些任务，我们就不那么迫切地需要借口这个挡箭牌了。

著名的成功学家拿破仑·希尔曾说过："制造托词来解释自己的行为，这已是世界性的问题。这种习惯与人类的历史同样古老，这是成功的致命伤！"

要知道，再华丽的借口终究也是借口，它对于事情本身并无丝毫帮助。

只为成功找方法，不为失败找借口，这是一种执行力的象征，是一种职业化的行为。目前，"拒绝借口"已经成为多数企业追求完美的工作表现的最有力的保障，它强调的是每一位员工都应该对自己的职业行为准则奉行不渝，没有任何理由的坚决执行，而不是为没有做好工作去寻找任何借口，哪怕看似合理的借口。

不因困难抱怨，不为失败开脱，只为执行而寻找方法并坚持不懈，这才是成功之道。

"没有任何借口"的精神是西点军校奉行了二百多年的行为准则，为西点培养了一代又一代的名人。不为自己找借口，不推卸责任是因为西点人强调责任和荣誉，信奉至高无上的荣誉准则。

合理的要求是训练，不合理的要求是磨炼

西点军校有一句名言："合理的要求是训练，不合理的要求是磨炼。"这句名言贯穿于西点学子学业生涯的始终，西点的学员在校期间会受到许多严苛的考验，他们只能选择接受或是离开，没有寻找借口逃避这个选项可供选择。

无论是怎样严苛的训练或是磨炼，在西点人眼里都是"勇敢者的游戏"，只有凭借勇气才能克服这些考验。在西点，各项训练是艰苦的，如果你不能忍受而选择逃避或是放弃，那你就必须选择离开，西点需要的是勇者和荣誉，而不是逃兵。

每一届西点军校的新生入学后，都需要进行为期八周的野营训练。营地在西点往西十来公里处，西点国家军事保护区森林之中有一个与世隔绝的营地叫做巴克纳营地，但由于在这里的训练以其非人非常规而闻名，所以人们通常称这个训练营为"兽营"。

紧张、艰苦的训练只能算是兽营中合理的训练，来自高年级学员的刁难和惩罚则是训练营中不合理的磨炼。训练营是西点军校筛选

新生的第一道屏障,许多无法承受这种体力和精神上巨大压力的学生都会在这个阶段被自动淘汰。

即使是艾森豪威尔这样的美国总统和五星上将,都曾经在兽营感到辛苦,他曾经表达过,站在炎热太阳下听着老学员不断发出的口令确实令人非常辛苦。然而他懂得西点志在培养像格兰特那样真正伟大的军人,因此再辛苦他也会忍受下去。然而与艾森豪威尔曾经同寝室的一位来自堪萨斯的学员却实在无法忍受,在哭泣了几个晚上之后选择了退学。

新生们必须顶住这最折磨人的兽营的训练,才能证明自己是合格的。进入西点虽然很难,但是要想成功地从西点毕业,则是难上加难。

麦克阿瑟也曾经在西点磨炼中吃过不少苦头,连续的下蹲、单杠和俯卧撑让他到了夜晚四肢不停地打颤,然而即使浑身无力,他还是坚持了下来。

西点设置这样一个新生训练营就是为了让新生经历不断的考验和磨炼,西点的口号是:"把这些娇生惯养的个人主义者击垮打碎,然后拾起碎片重塑为合格的军人!"

兽营对于新学员而言,就如同一个过滤器,检测学员入学的动机和抗压的能力。曾经有统计表明,高达15%的新学员无法通过兽营而因此相继离去,但西点军校不管外界怎样批评却从未放弃兽营训练或降低训练标准,他们提出:在这些困难面前,格兰特过去了,潘兴过去了,麦克阿瑟过去了,布雷德利过去了……你们也要过去。这就是植根于西点人心中的名言:合理的要求是训练,不合理的要求是磨炼!

被公认为美国历史上最优秀的将领之一的西点毕业生乔治·巴顿将军,是西点学生最为推崇的将领之一,然而巴顿的成长却绝对不是一帆风顺的。

巴顿从小虽然聪明伶俐，但却是一个患有"阅读失常症"的孩子，他在发音和拼写上有着天生的欠缺，经常发音不准并且容易拼写错误。

巴顿小时候就非常喜欢历史课，上学之前就喜欢听大家讲历史人物的故事和军人的伟大功业。于是他的父亲为他精挑细选了许多有意义的史诗作品朗读给他听，用《荷马史诗》教导他懂得人们如何与命运抗争，不屈不挠力争把握自己的未来；用《远征记》让巴顿明白远征军克服重重险阻的英雄气概。

将军们富有传奇色彩的故事让巴顿迷恋不已，也让巴顿这样一个患有阅读失常症的孩子获得了榜样的力量，他希望自己能够像他的弗吉尼亚先祖那样成为军官，成为最伟大的统帅。经过了不懈的努力，巴顿终于成为西点军校的一员。然而他的磨炼并未就此结束，而是刚刚开始。

巴顿在西点军校的初期岁月，文化课始终落后于人，尽管他付出了不懈的努力，但患有阅读失常症的他，依然名落孙山。于是巴顿首先在队列训练的强项上加强努力，获得了当之无愧的第一名。然而在数学等科目上的差距，仍然导致他连续留级。

或许对其他人来讲，连续就读军校一年级已经会让他们放弃自己的目标，但是对巴顿来讲，合理的要求是训练，不合理的要求是磨炼，他并不惧怕磨炼，退却绝不是他的选择。最后，巴顿不但顺利从西点毕业，还成为了一代名将，至今他的塑像都还矗立在西点军校图书馆的大门口。

对于一名军人来说，勇气意味着一切，没有勇气就没有坚持，没有尽职尽责，没有胜利，没有荣誉，也就没有了一切。

西点智能发展方针有三个目标，第一个是："高水平的智能、精神承受力和果断性、带有理性的勇气和正直、责任心和主动性。"

西点尊敬勇者,西点崇尚勇敢精神,西点学员必须明白只有勇敢精神让平凡的自己做出惊人的事业。在"勇敢者的游戏"中,想要胜利就不能退缩,只能前进。

西点名将麦克阿瑟在二战时,虽然他的司令部在隧道里,但他却把家安在地面上,宁愿冒着遭空袭的危险,也要选择和士兵在一起,给士兵们勇气和力量。每次空袭警报响起,他夫人就带着小阿瑟奔向一英里远的隧道,而麦克阿瑟则会跑到外面去看个究竟。有时就算已经躲在隧道中,也会从隧道里跑出来,站在露天下观察日军飞机的空中编队,数着飞机的数量。虽然不断有人提醒他要对两国政府、人民及军队负责,不要冒不必要的危险,但麦克阿瑟解释说,他是通过冷静的判断才会行动的,他会在兼顾安全问题的同时履行自己的职责。

麦克阿瑟就是这样的冷静并具有非凡的勇气,即便在面临敌人的炮火时也毫不退缩。麦克阿瑟可以说是西点"勇敢"的一个代表,完美地体现了"假如你选择了军队,就不要害怕牺牲;假如你选择了天空,就不要渴望风和日丽"的精神。

坚强的意志往往离不开不断的磨炼和耐心的锻炼,西点人深知他们必须在各种日常实践活动中直面困难,而不是找借口一辈子躲着困难不敢面对。

在一次管理培训中,一位年轻的女学员曾经分享过一则她自己的经历:

"我在这家企业担任销售主管之前,曾是一名普通的销售人员。当时,我的主管把我和其他几个销售员都叫进办公室,告诉我们,之前几个月的销售业绩十分不理想,他希望我们再努力一点,这个月的销售量能达到每人500台,否则,接下来可能就要回家吃自己的了。

"当时一听到那个数字时,我们都是大吃一惊。要知道,平时我们的销售额基本都是在一个月150台左右,好一些的能达到200台。500台几乎是一个天文数字,赶上一个季度的销售额了。当大家从主管办公室出来时,有人垂头丧气,觉得铁定要被解雇了;也有人义愤填膺,觉得这是主管提出的不合理的要求;甚至还有人猜测,为什么主管会突然要求提高销售量,而且提高得还这么多,会不会是企业发生了什么我们员工不知道的变动,甚至到最后小道消息满天飞,认为企业快要垮了,老板想要最后赚一票逃跑。

"我当时也在为提高销售量而苦恼。想了各种方式,朋友之间的推广宣传,查找潜在的客户上门推销,但与上司的要求还相差甚远,半个月也只销出去170台。当时我周围的不少同事都在抱怨上司的要求太高,也有人开始注意别家公司的招聘信息。看到我还在为完成销售额而努力时,他们有的劝我,有的嘲笑我死心眼,其实我只是觉得,既然在职,上司提出了这样的工作目标,那我就应当尽力去完成,何况还有半个月的时间呢。整日地抱怨或者以上司要求太高为自己开脱,或者揣摩上司的意图,并不能提高我的销售额,如果一遇到挑战就想到放弃、辞职,那我想在哪里都成不了一番事业。

"剩下的半个月时间,我更加努力,对于一些以前放弃了的客户也重新联络,最后,很幸运,我说服了一位大客户,他购买了200台作为员工的年终福利。我的指标完成了。

"这个月过后,上司又找我们谈话。出乎我们意料的是,他要回总公司了,而下个月的销售指标也恢复了常态。他告诉我们,他是希望在我们这些人中挑选一位接管他的职位,而我就是那名幸运儿。他对我们说,其实他不在乎我们最终是否完成了那个不合理的指标,而是要看看我们中谁能有那份尽职的心态,能够把困难当作磨炼,能够不找借口努力执行。因为他深知要胜任他的这份工作必须具备这样的素质。同时,那位因为揣测上司的命令意图,演变成谣言的同事,因为有违职业道德,对公司的团结造成影响,被开除了。

"我想,我能够得到内部升迁的机会,不是因为我最资深,而是因为我愿意去努力实现公司的目标,执行上司的要求。工作中,没有合理或者不合理的要求,工作就是工作,无条件执行是职业人的素养,也是帮助我们成功的阶梯。"

如同那位女学员一样,工作中,我们缺少的是通过各种途径努力完成任务的精神,一旦拥有这样的精神,你就能脱颖而出,获得晋升和成功的希望。企业缺少的就是从不在工作中寻找任何借口的优秀员工。

优秀的员工从不在工作中寻找任何借口,他们总是把每一项工作尽力做到超出客户的预期,最大限度地满足客户提出的要求,而不是寻找各种借口推诿;他们总是出色地完成上级安排的任务,替上级解决问题;他们总是尽全力配合同事的工作,对同事提出的帮助要求,从不找任何借口推托或延迟。

当我们面对不合理的要求时,或许存在一定的不公平性,但是西点就是要让所有的学员明白:人生并不是永远公平的,无论当你身处怎样的环境,都只能凭借毫不畏惧的决心和坚忍不拔的意志,在有限的时间内完美地完成任务。

在战场上,任何时候都可能变成生死关头,我们又怎么有时间再为自己找寻借口呢?哪怕找到了借口对于结果又有什么影响吗?

但在现实生活中,我们总是经常能听到各种各样的借口,为自己的种种不尽如人意的行为作解释。没有完成任务,我们会抱怨是任务太难，自己已经尽力；上班迟到我们就会归罪于路上堵车；考试不及格我们可能会说是出题太偏……类似的借口总是无处不在。

我们总是寻找着似乎更具说服力的借口，却很少想尽办法去完成任务。工作中，我们缺少的是通过各种途径努力完成任务的精神，企业缺少的是从不在工作中寻找任何借口的优秀员工。

试想，如果你是企业的老板，你是否愿意接受这种种的借口呢？你是喜欢一个总是在为自己寻找借口的员工还是偏爱不找任何借口，实实在在做事的员工呢？答案是显而易见的。或许的确面临困难，并且这个困难是客观存在并不以我们的意志为转移的，但是我们却可以通过自身的努力来克服它。我们并不能等所有的外部条件都完善了再开始着手做事，我们能做的唯有立刻行动，不找任何借口。

合理的要求本来就是自己的本职工作，不合理的要求即使真的不可为，也要尽到自己最大的努力，而不是因为要求高而找借口逃避。

服从纪律是敬业的基础

西点军校为了培养最合格的军官，发展了一套完备的军官品德和人格训练的规范，称之为《军校领袖发展系统》。该系统具体规定了培养军校生的几个基本目标：一个无敌的战士、一个忠诚服务于国家的公仆、一个掌握高新技能的专业人士、一个品德高尚的领袖，同时也明确了培养军校生的几个基本准则：一是遵守法律；二是服从文职领导人；三是服从上级命令；四是具备团队精神。其中可以看出，遵纪和服从是重中之重。

就拿西点的课堂来说，西点的课堂和考场堪比战场。无故缺席等同于临阵脱逃，将会被西点军校严惩不贷。即使是上课迟到几分钟都是个不小的过失。曾经任职于西点担任讲师的王飞凌教授在其著作中提到,他制定了较为宽松的上课制度,在发现了学生的疑似作弊行为时也尽可能宽容地处理了,但是西点荣誉委员会通过多方调查,发现这名学生在别的科目上也有类似行为,因此最终这名已经熬到大三的学生被勒令退学,可见西点在违纪方面管理的严格。

西点军校学员宿舍的布置非常标准化,必要的家具每人一套。但是《整理宿舍标准程序》规定了许多细节,学员只能将专门批准和配发的东西摆放在固定的位置上,不允许胡乱摆放不属于标准配置的东西。再比如说,西点军校的学员着装也有严格规定,根据季节变化他们配置了不同的制服,每天宿舍可以看到飘扬的"服装旗"标识着今天的标准制服。同时,新生还必须牢记所有军阶、徽章、肩章和奖章等含义,避免闹出什么笑话来。

西点纪律的严厉是出名的,开始大家可能只是为了形式,时间一长习惯成自然,学员逐渐把军校的目标变成了个人目标,把原本强调的行为变成一种自然的行为,变成了自觉的纪律。

西点《集合号》杂志曾刊登学员队司令的一篇文章,专门强调了"自觉的纪律",文章说:自觉的纪律是一支优良军队的重要特点,所以,在西点军校,自觉的纪律更为重要,自觉的纪律是军事院校必须为学员灌输的优良品质。如果一个人要想担负领导责任,这种品质是必不可少的……艰苦奋斗胜于舒适生活;不易之硕果胜于唾手可得;真理胜于错误;正确胜于荒谬。这每一项都要求一个人认真考虑和选择,即便是不在别人的监视和控制之下,也能懂得什么是正确的……简而言之这就叫自觉的纪律,很明显,西点军校的毕业生应该比其他人更具备这样的品质。

因此,很多在西点军校经受了 4 年严格训练的学员毕业后,在其所服务的公司、企业都创造了不凡的成绩,缔造了许多的神话。这其中最为重要的原因之一就是他们在西点受训而养成的根深蒂固的纪律观念。他们在企业内部能够成功过地将这种纪律观念灌输给他们每一个下属，使得整个团队、每个员工都能够严格遵守纪律，有了这种高度的服从的纪律性，整个团队便会更加高效地工作。

一个优秀的员工要有强烈的服从纪律的意识，在不允许妥协的地方决不妥协，在不需要借口时决不找任何借口。比如面对质量问题，面对工作的态度等，在这些情况下都不允许有任何借口。如此的话，工作便会因此而有一个崭新的局面。

纪律是敬业精神的基础，遵守纪律不仅仅是每个人生存的基本需要，也是帮助公司和个人走向成功的关键因素。服从纪律的观念必须深深地植根于每个人的大脑。

纪律不仅是敬业的基础，纪律同样也是责任的根源。没有了对纪律的遵守，实际上就是对责任的一种推卸。工作就意味着承担责任，承担责任就要求遵守纪律，没有服从纪律的指挥，也就不会承担责任。我们可以选择多承担一些责任，也可以选择少承担一些责任，但是，总会有人根本不愿意承担责任，这便是不守纪律的实质表现——责任一到身边就选择逃避和推卸。

没有纪律观念的员工，实际上就是一个没有责任感、没有敬业精神的员工，作为企业的领导，无法信任这样的员工，不敢赋予他更重要的使命。

战士的生命意味着责任，他必须服从命令，遵守纪律，并且时刻准备着。当冲锋号吹响的时候，他必须出发，哪怕是赴汤蹈火，也不能有任何的犹豫或退缩。这就是纪律的力量。

巴顿可以说是美国个性最强的将军，但在纪律问题上，对上司的服从上，态度毫不含糊。他深知，军队的纪律比任何纪律都重要，军人的服从是职业的客观要求。他认为："纪律是保持部队战斗力的重要因素，也是士兵发挥最大潜力的关键。所以，纪律应该是根深蒂固的，它甚至比战斗的激烈程度和死亡的可怕性质还要强烈。""纪律只有一种,这就是完善的纪律。假如你不执行和维护纪律,你就是潜在的杀人犯。"巴顿如此认识纪律,也如此执行纪律,并要求部属必须如此,这是他成就军事事业的重要因素之一。

有些粗鲁的巴顿并不是强硬的命令者。他从不满足于运筹帷幄和发号施令,他经常深入基层和前线考察;听取部属意见,而且身先士卒,让部队感受到统帅就在他们中间,从而"愿意听从他的命令",愿意服从他的指挥。

西点对于刚刚入学的学员实施强化教育,强化纪律的概念。一年级学员不仅要服从长官、服从纪律、服从各项制度,还要服从高年级同学,甚至包括服从高年级同学莫名其妙的责难。这是西点最受攻击的政策,却从来不曾改变。校方认为,一名合格的军人就必须被打上纪律的烙印,只有这样才能在今后无论多严苛的条件下都能完成任务。

军人的纪律是不允许违反的,如果你不能遵守这些严格得甚至有些过分的纪律,那就只能选择离开。

施瓦茨科普夫将军曾经专门谈过这方面的体会。他认为,西点是个令人振奋的地方,成就感较强的青年会很快适应这里的生活,在不知不觉中形成优秀的内在修养,形成标准军人或职业军人的优良品质。从这个意义上说,西点并不反对自由,而是首先让学员认识纪律之于军人的重要性,并在认识重要性的过程中增加执行纪律的自觉性,从而使严肃的、刻板的、冷漠无情的纪律,变成自觉的、可以适应的、衡量道德价值的纪律。

没有规矩,不成方圆。纪律作为一种约束的手段是必需的。任何地方都没有绝对的自由。在一个企业中,规章制度作为约束和评判标准也是必需的。而作为一名员工,也有义务遵守企业的"纪律",并且把它潜移默化为自身的自觉行为,这样才是一名优秀的员工。

西点不提倡盲目服从。西点军校提出的"服从",决不仅仅是"听话",也不仅仅是指机械地遵照上级的指示。服从需要个人付出相当大的努力,它需要在一定限度内牺牲个人的自由和利益。服从,是一个领导者必须接受的严峻考验。

1902年,威廉·拉尼德对此作了非常生动的描述:"上司的命令,好似大炮发射出的炮弹,在命令面前你无理可言,必须绝对服从。"

一位西点上校讲得更精彩:"我们不过是枪里的一颗子弹,枪就是美国整个社会,枪的扳机由总统和国会来扣动,是他们发射我们。他们决定我们打谁就打谁。"

曾有人说,黑格将军所以被尼克松看中,就是因为他的服从精神和严守纪律的品格。需要发表意见的时候,坦而言之,尽其所能,当上司决定了什么事情,坚决服从,努力执行,绝不表现自己的聪明。这就是西点对学员的训诫和要求。

商场如战场,在企业中,服从的观念同样适用。服从是行动的第一步,放弃个人的一些观念,首先选择完全融入组织的价值观念中去。服从纪律才是敬业的基础,才是企业需要的好员工。作为一名领导者,在西点人看来,都必须学会服从,只有学会了服从,领导者才有可能以最佳的方式和方法处理好个人权威与集体权威、个人利益与集体利益的关系。

将自己看作问题的根源

西点学员格雷格·黑丝汀斯曾经分享过有关自己的一则故事:

刚进西点军校不久,西点就给我上了一课,这对我日后生活和工作起到了至关重要的作用。军校的学生都是预备军官,因此各个年级之间的等级非常分明。一年级新生被称为"平民",在学校里地位最低,平时基本上是学长们的杂役和跑腿。但是,并没有人会抱怨,因为一年级结束后我们这些"平民"就可以做学长,然后成为一名军官。

更何况我们还可以进行"幽灵行动",可以给我们"平民"提供了一个向学长发泄不满的途径。所谓"幽灵行动",其实就是学生团体之间以幽灵为名义,搞恶作剧捉弄对方的活动。比如,在操练的时候把当指挥官的学长强行抬走。恶作剧一般发生在"陆军海军文化交流周",其中西点和海军军校之间即将进行的橄榄球赛,也会让学员们热血沸腾。

就在比赛的前一天晚上,一位三年级的学长怀特中士邀请我跟他共同完成一个"幽灵行动"。能受到高年级学生的邀请,我觉得很荣幸,于是立刻答应下来。按照约定,在当天晚上11点半,宵禁之后我偷偷溜出寝室,与怀特他们在走廊里汇合,行动的目标是一个来访的海军军校学员,我们的目标就是要把他的宿舍搞得一团糟。这时我有些犹豫觉得这样可能会有些过分,但是怀特和其他学长都说:"别担心,我们领头,出了事也跟你没关系。"

于是,大家悄悄摸到"敌人"的宿舍楼,按照事先安排的位置站好。怀特中士用唇语数道:"一……二……三!"说时迟,那时快,我和一个二年级军官猛地推开房门,冲到床头,把两大桶、大约5加仑冰冷的橙汁浇到熟睡的学员身上,然后迅速跑出门外。同时另外两个人向房间里投掷了数枚炸弹(扎破的剃须水罐),顿时到处都是白色的泡沫。最后怀特把散发臭气的牛奶泼进屋里,当天晚上的任务算是圆满完成了。我们大家也麻利地跑下楼梯,在楼门口跟负责放哨的队员会合,然后分成几组撤离。

回到房间,我努力让激动的心平静下来。接下来还有一个轻松愉快的周末我已经安排好跟同伴去新泽西州玩。但是到了深夜3点钟时，突然有人敲响我的房门，原来被捉弄的那些海军军官向西点安全部投诉，原因是我们所扔的那些酸牛奶和剃须水毁掉了他书桌上昂贵的电子仪器，连同他们床边的旅行箱也未能幸免。

在接受调查时怀特中士竭力为我开脱："是我命令他那么做的，我愿意承担一切责任。"但是训导员不这么认为，他惩罚我们在早饭前把海军军官的寝室变回原样，把弄脏的衣服洗干净。更严重的是训导员宣布，接下来的几个周末，我们都不能休假，而要在校园里受罚。

我当时觉得这一切都非常的不公平，我只不过服从了学长的命令，那么学长就应该对我的行为负责。训导员显然看出了我的不满，训练结束时，他盯着我的眼睛，一字一句地说："在西点，人人都是领导者。即便是个'平民'，你也至少领导着一个人，你自己。因此你自己必须为那天所做的事担负应该承担的责任。"

直到今天，那位教官的话仍然在我耳边回荡。那是西点给我上的第一课：要想成为优秀的领导者那么先要学会将自己看作问题的根源。

将自己视为问题的根源，在遇到任何问题时，首先想到的是：
"我能够如何改变现状？"
"我要如何处理？"
"我还可以做些什么？"
"我要如何做得比别人更好？"
……

而不是"谁应该为此事负责？""他应该如何？""为什么他们不能做得好些？""为什么我必须忍受这样的领导或环境？"

要成为优秀的人才，成为企业优秀的员工，成为成功人士，就要将这种把自己视为问题根源的态度根植于内心，形成强烈的责任感，并反映在日常行为和工作中，这种责任感可以使得我们表现得更加卓越。

日常生活中经常可以见到这样的员工,当他们在谈到自己的公司时,总会说"他们"而不是"我们",总会说"他们怎么样",而并非"我们怎么样"。这样的员工至少并没有把企业当作自己的舞台,并没有找到归属感和认同感,有时他们甚至于对于他人对自己的工作评价也并不感兴趣,因为这些事情都是其他人的事情,他们从不认为自己才是问题的根源所在。

方太厨具是中国驰名品牌。在方太的厂区办公大楼侧面的绿化带里插着一块醒目的牌子,上面写着:"我是一切的根源。"

当有人问到方太的掌门人茅忠群这句话的含义时,他笑着回答:"我们的所期待的企业文化是一种具有责任感的文化,是一种人人都能够承担责任的文化!这就是从我开始承担责任的文化,而不是他人承担责任的文化。以人为本,不仅仅是以一人的利益和方便为本,而是应该以人的责任为本!"

方太的责任观就是"责任第一人",要培育员工的责任至上精神,这种责任不是简单的只对自己岗位或只对所做的事情负责,而是出现问题不会到处找借口,而是首先清楚地认识到自己对于这个问题应该担负怎样的责任,并可以采取怎样的行动。

任何一个企业或组织,假如其中的每一个成员都将问题视作别人的,将责任视作别人的,那么这个企业或组织根本不可能达成任何目标,相应的,企业或组织中的个人也不会得到更好的工作回报。

面对纷繁复杂的环境,我们即使无法改变环境,也可以改变我们自己的选择。任何事情尝试从自己身上找原因,将自己看作问题的根源,才能努力做到更好。当一个企业中的每一个人都拒绝寻找借口,而是从自身出发做最大的努力,那么这个企业的所有问题都将迎刃而解,最终实现企业与个人的双赢。

工作无小事

美国法学家霍姆斯（Oliver Wendell Holmes）曾经写过一篇文章《每一个细节背后的伟大力量》，而西点也深信细节的力量。因此西点一再强调必须熟知每一个细节，从背诵一些守则、擦亮扣环到 M16 步枪的构造和使用。或许这些小事都不起眼，但是西点却严格要求每一个学员都要做好。

西点很重视对新学员的细节训练，要求新学员背诵新学员知识，除了记住会议厅有多少盏灯，蓄水库有多大蓄水量外，还包括大声当众背诵行事日历（今天几点将做什么事），学校很注重服装仪容的细节。

西点就是要让所有的学生都明白，战场上，任何一个细微的错误，一个细节的忽略都有可能导致流血牺牲，甚至整个战局的改变。事实上，员工在工作中也同样如此。

人们常把一个企业比作一台复杂的机器，而员工就是一个个细小的部件，组合起来保证机器的正常运作。每项工作的执行也是如此。每一个员工都有自己相应的岗位和职责，各司其职才能保证执行的顺利，企业的正常运作、发展和盈利。所有的环节息息相关，一个部分出错，就会影响到整体。

从这个角度来看，在每个人的工作中都无小事。每一个员工的职责都是不可替代的，一个很小的失误也可能衍变成巨大的风险，造成企业无可挽回的损失。

我们每个人所做的工作都是由一件件小事构成的。我们见到的成功者之所以成功，并非因为他们在做多么伟大的事，而在于他们不因为自己所做的是小事而有所倦怠，在于他们将责任感和细节管理贯彻在执行的始终。一旦忽视执行中的细节，会怎样呢？

魔鬼总在细节处

魔鬼总是选择在细节中下手，在你稍不留神之间，它就会偷偷地侵蚀渗透，最后带来严重的后果。

乔治·福蒂在《乔治·巴顿的集团军》中写道："1943年3月6日，巴顿临危受命为第二军军长。他带着严格的铁的纪律驱赶第二军就像'摩西从阿拉特山上下来'一样。他开着汽车转到各个部队，深入营区。每到一个部队都要训话，诸如领带、护腿、钢盔和随身武器及每天刮胡须之类的细则都要严格执行。巴顿由此成为美国历史上最不受欢迎的指挥官。但是，第二军却的的确确发生了变化，它不由自主地变成了一支顽强、具有荣誉感和战斗力的部队……"

巴顿一次次地训话，强调诸如领带、护腿、钢盔和随身武器及每天刮胡须之类的细则，虽然让士兵厌烦，但是却在不知不觉中，使他们由细节开始转变，并最终改头换面。不得不说巴顿强调这些细节是有原因的。

西点学生每天都要检查服装仪容，包括皮鞋、扣环擦亮、上衣正确扎进裤子或裙子、衬衫衣衩和裤缝对直成一条线。西点把这些细节作为衡量一个学员的重要参考尺度。

前任西点校长潘模将军说过："细枝末节最伤脑筋。"他的意思是说，即使是最聪明的人设计出来的最伟大的计划，执行的时候还是必须从小处着手，整个计划的成败就取决于这些细节。

有一位年轻人,在一家石油公司里谋到一份工作,任务是检查石油罐盖焊接好没有。这是公司里最简单枯燥的工作,凡是有出息的人都不愿意干这件事。这位年轻人也觉得,天天看一个个铁盖太没有意思了。他找到主管,要求调换工作。可是主管说:"不行,别的工作你干不好。"

年轻人只好回到焊接机旁,继续检查那些油罐盖上的焊接圈。既然好工作轮不到自己,那就先把这份枯燥无味的工作做好吧!

从此,年轻人静下心来,仔细观察焊接的全过程。他发现,焊接好一个石油罐盖,共用 39 滴焊接剂。

为什么一定要用 39 滴呢?少用一滴行不行?在这位年轻人以前,已经有许多人干过这份工作,从来没有人想过这个问题。这个年轻人不但想了,而且认真测算试验。结果发现,焊接好一个石油罐盖,只需 38 滴焊接剂就足够了。年轻人在最没有机会施展才华的工作上,找到了用武之地。他非常兴奋,立刻为节省一滴焊接剂而开始努力工作。

原有的自动焊接机,是为每罐消耗 39 滴焊接剂专门设计的,用旧的焊接机,无法实现每罐减少一滴焊接剂的目标。年轻人决定另起炉灶,研制新的焊接机。经过无数次尝试,他终于研制成功了"38 滴型"焊接机。使用这种新型焊接机,每焊接一个罐盖可节省一滴焊接剂。积少成多,一年下来,这位年轻人竟为公司节省开支 5 万美元。

一个每年能创造 5 万美元价值的人,谁还敢小瞧他呢?由此年轻人迈开了成功的第一步。

许多年后,他成了世界石油大王——洛克菲勒。

有人问洛克菲勒:"成功的秘诀是什么?"他说:"重视每一件小事。我是从一滴焊接剂做起的,对我来说,点滴就是大海。"

点滴的小事之中蕴藏着丰富的机遇，不要因为它仅仅是一件小事而不去做。要知道，所有的成功都是在点滴之上积累起来的。

西点人深刻明白"罗马并非一天建成的"这个道理，细节能带来成功，同时也能导致失败。细节就好比是精密仪器上的一个细微的零部件，虽然只是一个细小的组成部分，但是却起着重要的作用，一旦这个"零部件"出错，那就意味着全盘皆输。

有一位老石匠在砌一堵墙，由于这堵墙砌得很自然，因而看起来很美。业主走在自己的田地上，注意到老石匠在砌那些小石块时和砌大石头一样用心，一丝不苟。业主走过来对石匠说："老人家，用那些大的石块砌，不是会干得更快吗?"

"是的，先生，的确如此。"老人回答说，"但是，您瞧，我是要把它砌得好看、坚实、经久不坏，倒不在乎速度快慢。"老人停下来想了一会儿，又说："先生，这些石块很像人们生活中的大小事情。这些小石块要一块一块砌结实，才支撑得住那些大石块。如果撤去这些小石块，大石块没有了支撑，自然也就垮下来了。"

要想获得成功，就必须从小事开始做并坚持下来，凭着坚韧的品质，打好自己的基础。如同那位老石匠所说，"这些小石块要一块一块砌结实，才支撑得住那些大石块。如果撤去这些小石块，大石块没有了支撑，自然也就垮下来了。"小的事情往往能成为大事情的基础，所以只有持之以恒，用一种坚韧的品质把小事情做好，才能成就一番大事业。

许多时候，我们觉得没有多大联系的一些细节却往往决定着整个事件的结果。

东北某国有企业与一家美国大公司商谈合作问题,这家企业花了大量工夫做前期准备工作。在一切准备就绪之后,公司邀请美国公司派代表来企业考察。

前来考察的美国公司的老板在这家企业领导的陪同下,参观了企业的生产车间、技术中心等一些场所,对中方的设备、技术水平以及工人操作水平等,都表示了相当程度的认可。

中方企业非常高兴,决定按照国内的惯例,设宴招待美方老板。宴会选在当地一家十分豪华的大酒楼,有二十多位企业中层领导前来作陪,而且这次的合作规模很大,对于当地的经济等都有很大推动,连市政府的官员也出席了晚宴。

起初,美方老板以为中方还有其他客人及活动。当知道只为招待他一人之后,感到不可理解,当即表示与中方的合作要进一步考虑。

美国老板在回国之后,发来一份传真,拒绝了与这家中国企业的合作。中方认为企业的各种条件都能满足美方的要求,对老板的招待也热情周到,却莫名其妙地遭到美方拒绝,对此也相当不理解,便发回信函询问。美方老板回复说:"你们吃一顿饭都如此浪费。要把大笔的资金投入进去,我们如何能放心呢?"

在国内,能得到一笔巨额投资对于企业以及当地未来发展具有重要作用,可这件大事却偏偏毁在了一顿饭上。谁会想到我们自以为做得十分到位的招待,却恰恰变成了"翻船"的原因。

现实中,这样的事情还有很多,曾听说过这样一个故事:

国内有一家药厂,准备引进外资,扩大生产规模。

当时,请来了世界著名的拜尔公司来厂考察。拜尔公司派代表来这家药厂考察。在进行了短暂的室内会谈之后,药厂厂长便陪同这位代表参观工厂。就在参观制药车间的过程中,药厂厂长随地吐了一口痰。拜尔公司的代表清楚地看到了这个场景便马上拒绝继续参观,也终止了与这家药厂的谈判。

在这位代表看来,制药车间对卫生的要求是非常严格的,作为一厂之主的厂长都能随地吐痰,那么员工的素质可想而知!与这样的药厂合作,如何保证产品的质量呢?

从上述两个真实案例来看,在我国,这些细微之处的执行仍然没有做到位,而对于国外一些知名企业来说,这些细微处恰恰反映了一个人、一家企业甚至一个国家的综合素养。这些看似无足轻重的地方如果不重视,就会导致满盘皆输。

事物都是有联系的,成败不仅取决于关键因素,也同样取决于细节处的执行。作为一名职场精英,熟知细节也是最佳的训练,尤其是面对紧急、影响重大的事情,这些知识更是管用。我们必须学会观察细节,不能忽视一些你认为不重要的事,有时,你的成败,往往就由这些毫不起眼的事情决定。

康·尼·希尔顿在老年时撰写了一本自传《欢迎惠顾》,其中提出了自己酒店管理的"七条金科玉律":

酒店联号的任何一个分店必须有自己的特点,以适应不同国家、不同城市的需要;预测要准确;大量采购;挖金子:把饭店的每一寸土地都变成盈利空间;为保证酒店的服务质量标准,并不断地提高服务质量,要特别注意培养人才;加强推销,重视市场调研,应特别重视公共关系,利用整个系统的优势,搞好广告促销;酒店之间互相帮助预定客房。

不难发现，这些被"酒店大王"奉为金科玉律的服务理念，几乎都是细节管理的体现。当然，细节管理并非只注重细节，而是作为一个有战略性眼光的职业人士能够认识到哪些细节将起到决定性的作用，并加以关注和指导，以达到"细节致胜"的目的。

"商业教皇"布鲁诺蒂茨说过："一个企业家要有明确的经营理念和对细节无限的爱。"

要想成为一名职场精英，就必须具备对细节的充分掌控能力。当一个管理者站在高山上，把眼光放得长远的时候，依然不能漠视管理中的细节。一个细节的失误，都有可能造成全局的失败。缺乏对细节的关注，就容易忽略一些小的"害虫"，由于这些"害虫"没有得到有效的遏制，最终必然酿成大的灾难。

对于一名成功者或者想要成功的人来说，细节的执行或许并不需要事必躬亲，但一定要明察秋毫，在细节中比他人观察更仔细。

在当今社会，细节越来越成为决定成败的关键，而缺乏对细节的关注也成为一个职业人发展道路上的巨大障碍。

世界零售业的龙头、名列世界 500 强首位的沃尔玛也十分注重资源的再利用。沃尔玛几十年来蒸蒸日上而且不断扩张，在全球经济不景气的情况下，仍然以良好的速度增长。仅仅在中国，沃尔玛就计划到 2005 年开 100 家店。

让我们来看看沃尔玛这样的世界超一流公司是怎么做的吧！

沃尔玛员工要喝咖啡，自己要在旁边的储钱罐里放上 10 美分。公司这样做是为了让员工时刻了解成本节约的重要性。

有一天，沃尔玛总裁山姆·沃尔顿在一家店面巡视，看到一位店员在给顾客包装商品，随手把多余的半张包装纸、长出来的绳子扔掉了。山姆·沃尔顿微笑着说："小伙子，我们卖的货是不赚钱的，只是赚这一点节约下来的纸张和绳子钱。"

沃尔玛要求员工使用废报告纸背面打印、复印公司内部文件。

除非重要文件,沃尔玛不会使用专业打印纸。

沃尔玛的工作记录本,都是用废报告纸裁成的。

美国人平时很忙,购物人数有限,而一到公休日、节假日,人们便涌进购物中心。几乎让所有的沃尔玛店面都感觉人手不够,这时,沃尔玛从运营总监、财务总监、人力资源经理及各部门主管、办公室秘书,都换下笔挺的西装,投入繁忙的商场之中,去做收银员、搬运工、上货员、迎宾员……

效率来源于哪里?来源于执行的速度和力度;效益来源于哪里?来源于执行的细节和到位。企业要提高效率,降低经营成本,就必须注意每一个执行的细节。加强在细节上的关注度和执行力度,能为公司节省花费,让大家辛辛苦苦赚来的收益不会不明不白流失,这样严谨的执行会让企业更具竞争力和优势。

天下大事,必做于易;天下难事,必做于细。抓"易"抓"细"往往是我们容易忽视的地方,却也恰恰是管理的重点所在。

什么叫不简单?把简单的事做好就叫不简单;什么叫不容易?把容易的事做好就是不容易。

作为一名职场精英,我们有必要做好充分的准备,时刻关注自己的工作,在自己职责内消除隐患,规避风险,而非拍拍脑袋想当然,漠视细节。

千里之堤,溃于蚁穴

第一次世界大战时,在法军与德军交战的阵地上,突然一声巨响,法军前沿阵地上一个隐蔽的秘密指挥所被德军的炸弹炸得粉碎……地图和文件在燃烧,部队的一位将军倒在血泊之中。

后来经过调查,法军军官才了解到灾祸的来源竟然是一只小猫。那个被炸死的将军在秘密指挥所养了一只小猫,每天中午,将军都会把小猫放在秘密指挥所屋顶上晒太阳。

这个情况被德军侦查员发现了,这个狡猾的侦查员经过数天的观察发现,这只小猫是家猫而不是野猫,并且是属于非常名贵的品种,必然不是下层军官能够养得起的。于是,他判断,这栋屋子里面住着法军的高级军官,甚至可能是秘密指挥所。这就是法军指挥所灾祸的来源。

恺撒大帝有一句名言:"在战争中,重大事件常常就是小事所造成的后果。"战场上,任何一个细微的错误,一个细节的忽略都有可能导致流血牺牲,甚至整个战局的改变。战场上无小事,细节决定成败。但事实上,何止是战争中,商场如战场,许多时候,我们觉得没有多大联系的一些细节却往往决定着整个事件的成败。

如果将执行比作一个庞大机器的运转,那么细节就好比是机器上的一个细微的零部件,虽然只是一个细小的组成部分,但是却起着重要的作用,一旦这个"零部件"出错,那就意味着"机器"出现问题,执行失败,乃至全盘皆输。

张瑞敏曾经说过:"工艺上的小差异往往显示民族素质上的大差异。"我们一旦习惯了"执行只求差不多,出点小错也没关系"的执行方式,那么离溃败也已经不远了。

记得之前曾看到过这样一个案例:浙江某地用于出口的冻虾仁被欧洲一些商家退了货,并且要求索赔。原因是欧洲当地检验部门从

1 000 吨出口冻虾中查出了 0.2 克氯霉素。经过自查,环节出在加工上。原来,剥虾仁要靠手工,一位员工因为手痒难耐,用含氯霉素的消毒水止痒,结果没有清理干净,将微量的氯霉素带入了冻虾仁。

虽然这 0.2 克氯霉素的含量已经细微到极至了,只占总量的 50 亿分之一,也不一定会影响人体,但是欧洲的商家还是以此为理由要求退货甚至索赔,使浙江的这家企业蒙受了巨大的损失。可以说,这就是在执行中缺乏对细节的关注造成的。

如果在生产过程中我们关注到员工手痒的情况,及时采取措施;如果在操作流程中规定不能采用这种方法止痒或者对于员工手部的清洁度作出具体的要求和监督;如果在我们自己的质量检查中检测出这部分的微量氯霉素……或许结局就不会如此。这 50 亿分之一的数据,正是疏忽执行中的细节给予的教训。

每一个日本人,以及每个在日本生活过一段日子的人,都会熟悉日本首屈一指的牛奶制品厂家——"雪印"。

"雪印"创立已有 75 年,在日本全国拥有 34 家奶制品工厂,职工 6 700 多名,年销售额在 54 亿美元左右,牛奶制品占日本市场的 11.2%,居同行业之首。

然而,自 2000 年 6 月 27 日开始,大阪、京都、奈良等日本关西地区的居民因喝下"雪印"奶制品而相继出现呕吐、腹泻、腹痛等食物中毒症状。仅仅一天,大阪市卫生部门就接到二百多起投诉电话。紧接着,"雪印"的另一种鲜奶制品喝后也出现了中毒现象,而且中毒现象多达 1.4 万余起。中毒事件立刻引起日本全社会的震惊。

中毒原因很快查清,"雪印"大阪工厂生产的鲜奶中含有金黄葡萄球菌毒。这些细菌孳生在生产牛奶的输送管道阀门内壁以及阀门附近管道的内壁。工厂承认："三个星期没有清洗。"而公司的卫生制度是：生产线必须每天进行水洗,每周必须进行一次手洗杀菌处理。显然,灾难是人为造成的。这还不算,"雪印"大阪的工厂甚至将退货过期的牛奶作为原料重新利用。几乎是一夜之间,"雪印"这个日本奶制品王牌就名誉扫地了。

　　故事中"雪印"这个 75 年建立起来的知名品牌,因为工厂没有严格执行卫生制度和质量要求而毁于一旦。或许一开始工厂的领导者和员工都认为不清洗输送管道不是什么大事,产量才是最重要的。但恰恰是他们眼中不起眼的细枝末节,75 年辛苦建立的荣誉,在一夕之间瓦解,可见细节的力量。

　　细节能带来成功,同时也能导致失败。许多时候,细节执行到位与否也是造成个人发展不同、工作效果差距的主要原因。

　　想要成为一名职场精英,我们需要为执行过程中每一个细节把关,树立细节意识,明白"工作之中无小事",从小事做起。此外,当有了执行中关注细节的意识之后,还要努力把握关键的细节,以求在最短时间内把握事情的本质,高效解决问题同时也不会因细节的忽视而导致惨败。

于小处见真章

　　在工作中,绝对不存在任何小到可以被忽略的事情,;也不可能存在任何可以不被重视的细节。同样是做小事,不同的人会有不同的体会和成就。那些不屑于做小事的人,在工作中只是消极地混时间;而积极的人则会将这些小事看作对自己的锻炼,利用小事作多方面体会,以增强自己的判断能力和思考能力。

也许你认为在企业里做做杂事是小事,但是这却是了解企业各部门的工作性质和工作环境的很好的机会,能够为设计合理的职业路线打下基础。

很多初入职场的年轻人,不管在哪个领域,从事什么样的工作,都会经历一段或长或短的做小事的时期,他们可能会被安排在在不受重视的部门,或者在部门中做着打杂跑腿的工作。千万不要忽视这段看似无聊无用的时间段,事实上,他们将从自己经手的每一件琐事、每一件小事中得到成长。

年轻人最丰富的资源是时间,如果不能够充分利用时间来换取其他的资源,而对"小事"敷衍了事,那最后的所获得的结果只能是白白地浪费了用在"小事"上的时间资源,而没有任何收获。

有位职场新人曾经与我分享过自己的成功经历:

小莉大学毕业一年多,在一家中型企业的大客户部担任助理工作。每日的工作并不复杂,主要就是负责一些老客户的常规订单。这类客户都与企业有着良好的合作关系,采购的都是几乎相同的东西。

这天,她在登记一位老客户的订单时发现这次订的原料规格与通常定购的有所区别,这是怎么回事?是自己记错了还是客户方面弄错了。

她立刻找来自己整理的老客户定购的记录,发现客户的确从未定购过与这次相同的原料。想了想,小莉致电客户进行询问。

"哎呀,负责这次订单的是我们的一位新员工,因为不熟悉过去的情况,把订单输错了,因为是常规订单所以我们也没有多加检查,你能及时发现实在是太好了。"

"没什么,这本就是我应该做的。"

"你并没有义务来核实我们的订单,但是你还是这样做了,实在非常感谢，如果真的按照错误订单发货的话，我们将不仅仅蒙受这批货物的损失，还将延误我们产品的生产，损害企业的声誉。"

正是因为她总是注重收集和整理客户的资料等，熟悉不同客户的固定需求，使她在别人常常在抱怨客户难以应付的时候，却总能受到客户的称赞和上司的赏识。过了几年，她就成为了这家公司的部门经理。

小莉的工作看似单调而无用，就是负责老客户几乎千篇一律的订单，但是将这些事情做好，同样也是困难的。要想获得成功，就必须从小事开始做并坚持下来，凭着坚韧的品质，打好自己的基础，并且每一个细节都值得我们去做好。"不积跬步，何以至千里"？细节往往是成功的基础，所以只有持之以恒，用一种坚韧的态度把小事情做好，才能成就一番大事业。

一个推销员，如果希望有一天能当业务经理，那么前提就是要将琐碎的推销员的工作做得有声有色，获得超越他人的业绩，才有希望获得经理职位。一个操作机器的工人，必须把心思和时间全部用在机器上，努力了解它的性能，了解它每一部分的功能，那么也终将有所收获。

工作中无小事。每一件事都值得我们去做。即使是最普通的事，也不应该敷衍应付或轻视懈怠，相反，应该付出你的热情和努力，多关注怎样把工作做得最好，全力以赴、尽职尽责地去完成，养成良好的职业素养。

许多时候，我们都志存高远却忽视走好脚下的路。但事实正如同那个古老的故事：一屋不扫何以扫天下，每一个伟大的成功背后都有成年累月的勤勉作为铺垫，每一个远大目标的实现都是建立在实现许多小目标的基础上。我们无法跨越这个积累的过程，唯有坚持不懈地做好每一件事，才能帮助我们早日达成成功的梦想。

做事情的各个环节也都关乎最终的成败。每一个环节，每一个步骤都需要我们兢兢业业，小处见真章，唯有做好每一件事，将小事也执行到位，才可能执行好，获得成功。

以不同的态度对待执行，执行的结果必然不同，给予你的回报也肯定不同。正如那句格言——如果你不比别人干得更多，你的价值也就不会比别人更高。

对待小事、对待细节的处理方式往往也反映了一个人工作的态度。是积极面对，脚踏实地，无论什么工作都尽心尽力完成，还是整日空想成功，却不愿从身边的事情做起，这两种截然不同的态度，就是成功者与失败者的区别。

对于一个关注细节，愿意把小事做好做细的员工来说，是领导最需要也是最愿意委以重任的。因为对待小事尚且如此，那面对大事，更能处理得当。一个不因任务是执行中的小事而轻视懈怠、敷衍了事的人，才是一个合格的员工，是一个被上司信赖的员工。

一只重新组装好的小钟，放在两只旧钟当中，两只旧钟"嘀嗒"、"嘀嗒"，一分一秒地走着。其中一只旧钟对小钟说："来吧，你也该工作了。可是，我有点担心，你走完3 200万次以后，恐怕便吃不消了。"

"天哪！3 200万次！"小钟吃惊不已，"要我做这么大的事？我办不到，办不到。"

另一只旧钟说："你别听他胡说。你只要每秒'嘀嗒'一下就行了。"

"天下哪有这样简单的事情？"小钟将信将疑，"如果是这样，那我就试试吧。"小钟很轻松地每秒"嘀嗒"摆一下。不知不觉中，一年过去了，它果然摆了3 200万次。

每秒"嘀嗒"一次是简单的,但坚持准确而持久地运转却是不简单的。这需要敬业的精神来支持,要兢兢业业的品格来维持。我们的每一次执行也是如此。可能是日常工作、例行检查,但我们也需要尽职尽责完成,否则就可能像上一章节所说,阴沟里翻船。

小约翰·D.洛克菲勒曾经说过:"成功的秘密就在于把平常的事做得不同寻常。"

许多年轻人期待着每天能发生一些不寻常的事情,因为他们认为这能给他们带来展示自己的机会。但是他们却没有意识到,通向成功大门的钥匙就藏在每天简单而平常的工作中。他们每天的工作表现、每一次执行的结果都会影响自己通向成功的大门是紧闭还是打开。

他们总是抱怨:每天都做同样的事,日复一日地重复简单的劳动,这样的日常工作对我有什么好处?事实上,只有那些在每一次执行中兢兢业业,做得很好并不断要求更好的人,才能取得成功。

平凡之中孕育着伟大。或许每天从事着平凡的工作,每天都只是重复着相似甚至相同的工作,琐碎的职责也是伟大而不可替代的。或许现在你依然抱怨自己或是别人琐碎的工作是如何没有价值,从事这些工作的人永远不会成功之类的话,但是,当你有一天发现这些琐事没有人处理时,你就会发现这些工作的重要性。

伟大的成就来自细节的积累,一切的成功者都是从小事做起,一个细节能改变执行的结果,无数的细节就能改变生活。

其实,每个人所做的工作,都是由一件件小事构成的。士兵每天所做的工作就是队列训练、战术操练、巡逻、擦拭枪械等小事;饭店的服务员每天的工作就是对顾客微笑、回答顾客的提问、打扫房间、整理床单等小事;秘书每天所做的可能就是接听电话、整理报表、绘制图纸之类的小事。

我们每个人所做的工作都是由一件件小事构成的,这些无数的小事就形成了最终的"大事"。成功者之所以成功,并非因为他们在做多么伟大的事,而在于他们不因为自己所做的是小事而有所倦怠。

成功的人,对待执行充满热情,对于执行中的每一件小事都全情以待。他们往往将自己的责任意识投入自己所从事的工作,将行为与职责保持一致,用责任来督促自己全身心地投入工作。

所谓的大事其实是由众多的小事积累而成的,因此忽略了小事就难成大事。我们要从小事开始,逐渐锻炼意志,增长智慧,日后才能做大事。如果只是一味地好高骛远,眼高手低,那么我们是永远干不成大事的。

通过各种小事,可以折射出一个人的综合素质,反映出他区别于其他人的特点。从小事中见精神,获得认可,"以小见大"、"见微知著",通过各种小事赢得人们的信任和尊重,才能够获得干大事的机会。

小处见真章,执行的细节彰显个人和企业的实力。现实中,许多人都能完成任务,执行工作,但是往往能将执行做细做到位的人才是真正有执行力的人。真正在小处做到位的人才能获得成功。

以企业的商业标准处世

著名的西点学子格兰特将军的墓，坐落在纽约的河边公园北部。将军的墓高大雄伟、庄严简朴。

在格兰特将军墓的后面，就是更靠近悬崖边的地方，还有一座小孩子的墓。这座墓和其他绝大多数美国人的墓一样，是一座极小、极普通的墓，在其他任何地方，人们都可能会忽略它的存在。但在墓碑和旁边的一块木牌上，却记载着一个用生命传递的感人至深的诚信故事：

这座墓碑修建于二百多年前，那时这个墓碑的主人是这幅土地的小主人，5 岁的时候，他不慎从这里的悬崖上坠落身亡。他悲痛欲绝的父亲将其埋葬于此，并修建了这样一个小小的墓，以作纪念。数年后，由于家道败落老主人不得不将这片土地转让。但出于对儿子的挚爱，老主人对今后土地的新主人提出了一个特别的要求——要求新主人永远不要毁坏孩子的墓，要答应他让孩子好好地安息。新主人郑重地答应了，并把这个条件写进了契约。

后来这片土地不知道被转卖过多少次，也不知道换过了多少个新主人，就连这个墓碑主人的名字也早已被世人忘却，但根据一个又一个的买卖契约，这个无名的孩子的陵墓一直被完整无损地保存下来。

整整 100 年过去了，到了 1897 年的时候，这片风水宝地被作为格兰特将军的陵园，政府成了这块土地的主人。无名孩子的墓，在政府的手中依然被完整无损地保留下来，成了格兰特将军墓的邻居。伟大的历史巨人之墓和无名小孩之墓毗邻而居,这大概可以算作世界上为数不多的一个奇观。

又一个100年过去了,1997年是格兰特将军墓建立100周年,也是小孩去世200周年。为了缅怀格兰特将军,当时的纽约市市长朱利安尼来到这里,当朱利安尼市长在缅怀格兰特将军的同时,还做了一件被众人所称道的事情,那就是他亲自撰写了这个动人的故事,并把这个感人的故事刻在木牌上,竖立在无名小孩墓的旁边。

此后,西点的众多学子经常会到墓前去凭吊,以印证以诚信为主旨的西点荣誉准则。

诚信是西点荣誉制度的核心内容。在西点军校,虽然有过几次大规模的改革,但是都基本没有触动西点的荣誉制度和荣誉准则,因为这些制度和准则是保证言行如一、承负诺言的有效方式。

做人就应当以诚信为本,企业同样需要诚信为本。然而企业的诚信首先需要员工坚持以企业的商业标准处世。当企业中的每一位员工都能够做到以企业的商业标准处世,那么这个企业又何愁不能在竞争激烈的市场上获得一片天地?

积极实现企业的商业目标

当员工加入企业获取一份劳动报酬的时候,事实上就等于向企业给出了一个承诺,承诺自己将履行相应职位的职责,并积极实现企业的商业目标。因此作为一个诚信的员工,要做到以企业的商业标准正直处世,首先必须尽职尽责,愿意积极实现企业的商业目标。

积极实现企业的商业目标,意味着员工并非因为担心不履行职责而受到惩罚,并非因为企业的约束监察机制的存在,而是愿意以企业的商业标准处世,努力实现企业的商业目标。这是一种自动自发的精神。

只有当员工是因为个人责任感和诚信而努力工作时，才会产生更为强大的工作热情和更高的工作效率，企业才能实现更高的目标。

美国标准石油第二任董事长阿基波特，曾经只是公司里微不足道的小职员，然而正是秉持积极实现企业商业目标的精神脱颖而出，获得了巨大的成功。

从前在美国标准石油公司里，有一位小职员叫阿基波特。他在出门旅游住旅馆的时候，总是在自己签名的下方，写上"每桶四美元的标准石油"字样，在书信和收据上也不例外，只要有他签名的地方，就一定写上那几个字。他因此被同事戏称为"每桶四美元"。

这件事情传到了公司董事长洛克菲勒的耳朵里，洛克菲勒知道公司里竟有职员如此努力宣传公司的声誉，积极实现公司的商业目标，便决定见见这个职员。于是就邀请阿基波特共进晚餐。

之后的若干年里，阿基波特都没有改变最初的职业精神，不断向着更高的职业理想前进。

又过了若干年，当洛克菲勒决定卸任时，阿基波特被任命为公司的第二任董事长。

我们承诺愿意实现企业的商业目标，但是能否做到像阿基波特如此积极地推广企业产品，提高企业声誉呢？一个诚信的员工需要自动自发履行工作职责并真正做到积极实现企业的商业目标。我们的工作代表了我们对于公司所需要履行的一份承诺。每天只是按时上班、按时下班并不等于就履行了工作职责，而是要全心全意将工作做到最好才是合格、诚信的员工。

一位经理人在两位员工之间决定内部升迁时，选择了一位貌似能力相对较差的员工。众人颇有些不解,就问这位经理人选择的标准是什么。这位经理人回答:那位貌似能力较差的员工对本企业的产品有着很高的忠诚度,时常向其身边的人推荐,他相信产品的信誉用一传十、十传百的方法传播是最好的产品营销方式。而那位貌似能力较强的员工却缺乏这种忠诚度,总是认为自己可以使用更为高档的产品而仅仅将本企业的产品当作工作的服务对象而已。

这位经理人总结道:产品营销并非这两位员工的本职工作,但是前者有着那么强的实现企业商业目标的意识,又怎么可能不尽心尽力将本职工作做到最好? 能力是可以通过很多途径提高的,更何况他们之间并没有很大的差距,而这种时时刻刻期望企业与个人达成业绩的精神和态度却是十分难能可贵的。

反观企业里的许多员工,虽然声称自己能够积极实现企业的商业目标,事实上只重视与自己个人收入相关的企业业绩表现,而对公司其他部门的工作不予以配合或是对公司整体运作情况漠不关心。

在一些企业咨询项目中,我们经常会进行员工满意度的调研。调研当中常常会问一个问题:你认为你每天的工作在做些什么? 我们将一批回收的调研问卷进行了比较,同样是企业的具体事务操作人员,对于这个问题的回答却各不相同。

一种员工回答:“我在进行产品的包装。”或是“我在做账。”

另一种员工回答:“我在完成产品的包装工作,确保成品合格。”或是“我在管理公司账目,确保账目清晰准确。”

而第三种员工则回答:“我在完成产品的包装工作,确保成品合格能够使消费者满意。”或是“我在管理公司账目,确保账目清晰准确,使公司财务分析的基础合理。”

第一种员工只是看到了自己工作的基础内容，没有明确自己工作的目的；第二种员工虽然能够做到明确自己工作的目的，但是没有真正将其工作的目的与企业商业目标联系起来；而第三种员工则真正做到了"积极"实现企业的商业目标，他们不仅明确了其工作本身的目的，并且将其工作目的与企业商业目标联系起来，运用企业商业目标指导自己工作。

无论是影响企业战略决策的工作，还是看似微不足道的企业生产线上的一颗螺丝钉，都是企业实现商业目标的依仗，企业的成功离不开为之付出的每一位员工。员工积极努力实现企业的商业目标，必定会打造双赢的美好局面。

恪守企业经营准则

企业在经营活动中有许多十分重要的经营准则，这些准则看似容易维护，然而如果出现维护准则的员工相对弱小，而挑战准则的又恰好是权威的情况时，我们如何处理呢？是睁只眼闭只眼网开一面还是恪守企业经营准则呢？在企业经营中，这样类似的情况不在少数，例如：

公司规定员工加班离开时必须在门卫登记，可是企业某位管理者恰好匆忙走出大门，门卫不敢拦住其进行登记只能听之任之。

又或者，企业某些文档按照保密性等级向不同类型员工开放，文档管理者因为不敢得罪人将规定自行放宽了许多。或是企业的营销计划或员工个人信息原则上属于部门内部保密信息，但是相关管理人员在其他同事问及时因为碍于情面而没有遵守保密协议。

诸如此类的一些"小事情"，通常企业员工认为这并非原则问题，稍有违反也应该不会造成什么问题。然而很多"大问题"就是因为这样一些小事情造成的,一方面这种不能够恪守企业规章制度、经营准则的做法增加了企业的经营风险,一旦某方面出现问题就可能弄得一发不可收拾;另一方面经常性不彻底贯彻实施企业的规章制度、经营准则会造成企业员工心态上对于这些制度准则的漠视,他们会认为这些制度准则只是企业行政管理部门一再强调的一些口号,实施上完全不是这么回事。久而久之企业无论推出什么制度和准则,都好像爱说谎的孩子第三次大呼"狼来了",大多数员工都不会予以重视。这种情况下,企业文化的推行寸步难行。

员工遵守企业准则应当如同士兵遵守军令一般,无论对方是不是权威,都应表现出诚信的精神。

在一家高档写字楼里曾经发生过这样一件事:

距离上午10点还有5分钟,一位30岁左右的先生从出租车中下来,神色匆匆地走进办公楼大门。

"请出示您的证件。"一名保安客气地拦下了这位男士。

"我忘记在办公室了。"这位男士随口说了声,继续往电梯方向走去。

"对不起,按照规定,没有这幢大楼所在公司的员工证,您必须去服务台办理来宾证,才能进入大楼。请您去那里办理。"保安用手指出了服务台的方向。

"我上班马上就要迟到了!还有一个重要的会议等着我呢!你是新来的吧,我是XX公司的经理。"这位男士不停地看手表,说得趾高气扬。

"对不起,因为您没有员工证,您必须去办理来宾证。这是规定,对不起,耽误您的时间了。这也是为了所有公司的安全。"

这位经理级的"人物"嘴里嘟嘟囔囔地去办了手续,才上了电梯。

临上电梯还冲保安说要去投诉。

不知道那位经理是不是迟到，有没有赶上重要的会议，然而，这位保安的行为是正确的。他坚持了自己的职责，没有因为对方是一位经理而睁一只眼闭一只眼，放其通行。这正是恪守企业经营准则的、诚信的行为。试想，如果这位保安只因随便的一句话对来人放行，在这家写字楼上班的你是否会觉得安全呢？

相反，那位经理级的男士，不仅不配合别人的正常工作，漠视一个企业的规章制度，甚至以投诉相威胁，这是一种怎样令人惭愧的行为。

企业由一个一个团队组成，而一个富有战斗力的团队则必定以严格的企业规章制度、经营准则为基础，由一群具有完美的服从和执行精神的员工组成。

我们在企业中经常遇到这样的员工，他们喜欢对于企业的各种政策制度和经营举措进行评点。每当有一个新的措施出台，他们就会议论纷纷。有的说举措根本就不合理，完全没有考虑过员工的利益；有的下结论说企业制定政策的管理者根本不了解员工的心态，只是理想化地一厢情愿地制定政策；还有的说企业只知道赚取经济利益，等等，类似的抱怨层出不穷。可能他们认为这样评述是因为他们真正关心企业的发展，他们敢于这样说表现出他们勇于表达自己的观点。然而事实上，这种员工从根本上违背了诚信的原则。

一个诚信的员工在面对这样的情况时，首先会选择绝对服从这种新的举措，并严格地执行这种准则。对于他们认为公司举措存在问题的地方，他们不会去向其他员工散布不利于公司政策实施的言论，而是选择将自己的想法以书面或者是私下沟通的方式与相关管理者沟通。他们了解企业推行各种措施或政策有着企业的原因，尽管这些措施和政策可能存在一定的问题，但是这是管理工作有时难以避免的。

当他们了解了企业推行某些措施或政策的出发点和这些措施和政策暂时无法完善的原因后，他们还会努力说服身边的同事来共同执行这些准则。

企业经营中有着非常严格的商业标准，诸如选择供应商，采购产品或服务，保护企业经营策略和信息，珍惜企业的资源和财产，等等。

一个诚信的员工必须能够恪守企业的经营准则，具备完美的服从性和执行力，以企业利益为先坦诚地提出个人建议，积极地帮助企业实现目标。

美国曾发生过这样一件事：微软有一个员工，盗用公司的软件。在公司内部他购买一套软件，可能只要 10 美元，改了号码，到别的工厂做了一个新包装，出去卖几千美元，就这样他赚了两百多万。最终，这件事情还是被公司发现了。公司对这位员工的行为提出了起诉，在出庭前这个员工自杀了。这是个很极端的事情，不过从这件事情，我们可以看出美国人是很注重职业道德的。

很多世界 500 强企业都将诚信作为其员工招聘、考核至关重要的标准，甚至是其他所有能力的一个基础，如果失去这个基础，即使舍弃非常优秀的员工也在所不惜。因此在欧美国家，职业经理人也非常注重保护自己的诚信口碑，如果因为诚信问题被一家知名企业解雇，很多人才机构或是职业圈内都可能留下他不良的纪录。

一个诚信的员工能够以企业的商业标准正直处世，将个人诚信放在各项能力的培养之前，作为个人信誉的重要基础来保护。

以企业的利益为先

在企业中我们经常会遇到这样的情况，你本应当站在企业的立场上说出自己的想法和见解，或是你本应该从企业的利益出发来实施某些措施,然而因为你的立场和措施可能会挑战企业长期存在的一些习惯,甚至触犯了他人的即得利益,所以你不得不放弃自己的立场,取消措施的实施。甚至可能你就是那个因为不愿意改变现状或不愿意失去现有利益而影响某些好的措施得以实施的人。

一位有着十余年中国市场管理咨询经验的咨询专家曾经这样评述中国的许多企业:中国的许多企业不乏优秀的人才,在咨询项目中,往往他们能够为企业问题的诊断和咨询方案的设计提供很多的想法。但是在项目实施和具体推行上,他们往往一筹莫展。原因在于管理咨询方案大多会对企业作出或多或少的一些改变,然而哪怕是企业组织架构上一些小小的改动都可能让企业某些管理人员十分敏感地的联想个人利益的得失。

譬如鉴于企业流程的合理性,在项目中,我们可能会将企业某些部门进行拆分或合并。但是某些部门领导面对这样的建议时往往首先考虑的并非"企业应该以怎样的流程运作,应该搭建怎样的组织架构",而是"我的部门被拆分后我的权限是否会变小"或是"我的部门与其他部门整合后我是否会失去管理自由度"等问题。因此企业中的一些员工缺乏将企业的利益放在第一位的诚信,致使很多对企业非常有益处的咨询建议如同一句空话无法切实实施。

事实上,员工应了解:变革意味着风险,变革也意味着机会。员工要更为注重个人能力的培养,相信随着个人能力的提高,在变革中能够获得更为卓越的表现和更好的发展机会。

一个诚信的员工能够凡事从企业角度出发,站在高度审视问题并时刻以企业的利益为先。

每一天,我们在工作中都进行着大大小小的决策,你可想过你所做的决策对企业的影响吗?无论是一笔几千万美元的订单还是一封消费者的来信,所有的决策都是重要的,甚至有可能决定企业的命运。

这就要求你作出任何决策时都要正确认识到风险,必须在充分了解事实和掌握数据的条件下,分析具体环境然后作出决策。任何凭感觉、空想作出的决策都是具有很大风险的,甚至是完全错误的。

世界知名的消费品巨头,宝洁(P&G)公司将诚实正直作为企业的核心价值观之一,他们要求员工在提出建议时,坚持以事实为依据,并正确估计和认识风险。如果我们的决策不是建立在事实和数据的基础上,那决策必然是脱离实际、不正确的;如果我们在作决策时没有正确认识和估计风险,那决策就有可能为企业带来巨大的危害而非利益。

肯德基现在是中国人人都熟悉的快餐连锁店,但是它进入中国市场时还是费了一番周折的。

肯德基炸鸡进入中国市场之前,公司派一位执行董事来中国考察市场。他来到北京街头,看到川流不息的人流,穿着都不怎么讲究,就报告说:炸鸡在中国有消费者,但无大利可图,因为中国消费水平低,想吃的多,但掏钱买的少。由于他没有具体进行相关信息的收集整理,仅凭直观感觉作出预测,被总公司以不称职为由降职处分。

接着,公司又派了另一位执行董事前来考察。这个先生在北京的几个街道上用秒表测出人流量,然后请500位不同年龄、职业的人品尝炸鸡的样品,并详细询问他们对炸鸡的味道、价格、店堂设计等方面的意见。不仅如此,他还对北京的鸡源、油、面、盐、菜及北京的鸡饲料行业进行了详细的调查,并经过总体分析,得出结论:肯德基打入北京市场,每只鸡虽然是微利,但消费群巨大,仍能赢大利。果然,北京的第一家肯德基店开张不到300天,就盈利高达250多万元。

试想,如果当时总公司相信了第一位执行董事的报告,认为中国市场无利可图而不进入中国市场，那恐怕不只是在中国还要等上几年才能品尝到肯德基炸鸡，而是总公司将面临同类竞争对手先行占领市场而使自己处于被动的局面，既而失去巨大的利益。但是，他仅凭直观感觉作出的预测，并没有被总公司认可甚至以不称职为由被降职处分，可见这种不负责任的决策对公司和个人都没有益处。再看第二位来中国的执行董事，他测试了人流量，抽样调查了消费者的意见，甚至还想到了当地的原料情况，这样丰富的相关数据，使他得出了正确的结论，也使公司赢得了巨大的利润。

不要拍了拍脑袋就为企业作决策，这样的决策只是建立在你自己的猜测的基础上，环境瞬息万变，没有事实和数据，如何作出最适合的决策呢？往往只是你的一个小小失误，就会导致企业面临没有预料的风险，甚至造成无可挽回的巨大损失。决策不是你"想想应该是这样"或是"以前都是这样"就能作出的，也不是仅仅依靠从众就能够决定的。

在你产生这种想法或说出这样不确定的言语时，要仔细思考，你是否收集了足够的事实数据，你作出的决策将面临什么风险，风险的系数有多大，会产生怎样的结果。只有考虑了各种情况，你和你所在的企业才能在不断变化的市场中保持主动，对许多情况早有准备。

以企业的利益为先，要能够对企业负责，坚持以事实和数据为基础，正确认识和评估风险，不因怕麻烦或眼前利益而作出轻率的决策。

以企业的利益为先，还要能够做到珍惜企业的资源，降低不必要的浪费。

在日常工作中，我们经常会发现，企业员工办公桌上成打的单面复印纸，很多纸上都只有一两行字，很多文件没有必要用新的纸张，完全可以使用旧纸张的背面。

办公桌上横七竖八放着好多支笔，没有一支是墨水用完的，但是员工仍然经常找不到自己的笔只能再去找文具保管员领用。记事本、速记贴、文件夹的损耗速度自己都难以想象。

这种类似的浪费可以说上一长串。很多员工认为：我们公司每一笔业务单子都是几十万、几百万的收益，这些小钱根本无所谓。但是这些小钱积聚起来是什么样的数字，有时是难以想象的。一家不足一千人的企业一年的办公耗材费用可以达到数百万！这是什么样的概念呢？很多业务人员辛辛苦苦赚来的收益就这样不明不白流失了。

以企业的利益为先，更要懂得保护企业的信息和商业机密。

商业机密是企业至关重要的经营信息，因为商业秘密失窃所造成的损失常常高得难以估价，甚至导致企业倒闭、破产的现象也时有发生。商战中的窃密手段可谓五花八门，无所不有。虽然各个企业都对自身的信息安全有着严格的保护措施，然而商场上商业机密的泄漏纠纷仍然是屡见不鲜。

我们对于企业商业机密的理解也不能仅仅局限于那些和商业竞争对手有关的信息，任何会导致企业的管理处于被动地位的信息，我们都可以将其定义为商业机密。以下是一家跨国公司在华发生的真实事件。

一家跨国企业原先将其生产工厂放在国内一个大城市，由于这样导致生产成本比较高，于是这家公司的管理层决定将工厂搬迁到国内一个二级城市，从而大幅度降低生产成本。但是放在眼前的一个问题就是，原先这家企业设在大城市的工厂的400多名员工将面临被裁员的现实。

在正常情况下，这家企业可以选择直接与员工沟通，并给予员工一笔丰厚的补偿。然而，因为设在二级城市不可能马上开始生产，因此这家企业需要原厂为其再生产三个月的产品作为库存支撑接下来本年的产品市场销售。于是，这家企业只能暂时封锁消息，三个月后再开始与员工沟通此事。事实上，这样的操作方式对于员工而言没有任何区别，因为员工终究可以获得一笔丰厚的补偿，而企业也因此获得了产品供应的稳定性。

原本此事完全属于高层机密，绝大多数员工没有可能了解这一信息。然而，奇怪的是，还没有到三个月期限的时候，企业内部就开始盛传公司将要关厂，很多员工面临被裁员的现实。这种传言在企业内部游走了两个星期之后，终于造成了企业员工的全面罢工。当然，最终这些问题仍然得到了解决，员工得到了应得的补偿，企业也完成了生产任务。但是企业和员工都遭受了一些不必要的麻烦，并且因为罢工延误工作时间，企业还蒙受了一定的经济损失。

那么，究竟这个关厂机密是怎样泄漏出去的呢？原来，这家企业采购部的员工从公司的订单与生产计划系统中发现，这家企业在三个月内生产计划远远高于常规水平，而三个月之后的原材料采购突然数据全部为零。因为这家企业始终采用从国外进口部分产品原料的方式，而原料进口需要一定的时间，因此三个月后采购数据为零，说明三个月后公司将发生非常大的变化，再结合三个月内超常的生产规划，这个员工便得出了公司可能关闭工厂的猜测。于是这个员工开始将这个消息广为散布，而获得消息的其他员工又将他们所知的信息进行了归拢，发现公司最近在二级城市租用了生产场地，工程部人员也发现企业正在当地进行工程招标，等等。最后这样一个猜测被推理成为了结论，并导致企业大范围的传播和罢工的结果。

这样一件对于企业和员工均没有好处的事情的起因就是一个采购部员工的猜测。也许这位采购部员工认为自己只是"诚实"地将他的信息提供给了其他同事，而他也只是随便猜测而已，并没有确凿地肯定此事，是其他员工通过其他信息确认了这件事情的。然而，事实上，他仍然忘记了保护企业信息的原则。

因为我们作为企业的一员，有义务从企业角度出发思考问题，而不是将自己放在与企业对立的角度上。当这位员工发现企业可能关厂的机密时，他完全可以选择首先与他的上司进行沟通，确保系统数据并没有问题，他甚至也可以坦诚地告诉领导他的猜测，除非企业在事件中有意伤害了员工，不然这位员工就不应该将企业置于被动的情况中。

企业的利益包括正确决策、资源和成本的控制、信息安全，等等。当企业的利益仅仅为一个固定额时，看上去员工利益和企业利益是冲突的，因为此消彼长，员工多得即企业少了利润。然而如果企业中的员工都能够以企业利益为先，那么企业自然能够做大自己的蛋糕，扩充自己的利益总额，在激励制度之下，自然会有更高的收益到员工的手中。从这一意义来看，以企业的利益为先，就等于以员工自身的利益为先。

严格履行企业的承诺

　　凡是运营卓越的企业，都会对社会、对顾客作出服务或产品质量的承诺。世界知名的四大会计师事务所之首普华永道（Price Water Mouse Coopers）要求员工维护普华永道的名誉和利益。他们在员工行为准则中这样写道：

　　我们的客户信任普华永道基于我们的专业能力和诚信标准，正是这样的能力和标准构建了我们的信誉。每一位员工都必须维护这种信誉。

　　我们仅仅会去服务那些我们有能力去服务的，并且信任我们的服务的客户。同时这些客户本身也必须是遵守商业准则和诚信标准的。

　　当我们在公开场合作为普华永道的一员发表言论的时候，我们的陈述必须符合普华永道的价值观和理念，而并非我们自己的价值观和理念。

　　相信没有这些承诺的履行就没有一个成功的企业。而这些成功的企业之所以能够做到信守承诺，毋庸置疑，来自他们每一位员工严格履行企业承诺的努力。

只有你才能够履行企业的承诺

　　一个酒店经理曾经说过这样一个关于客户服务的案例：

一对夫妇决定带着放暑假的孩子去度假，最终他们选择了一家非常有名的旅游度假酒店，因为若干年前他们曾经在那里度过了非常愉快的假期。然而令人遗憾的是，他们这次的假期却完全不如预料中的那样好。首先房间的空调坏了，让人来修理却足足等了一个多小时。接着他们的房间没有及时整理，叫服务生来整理又等了很久。最终走的时候酒店的机场巴士居然临时取消了一班，要等下一班就要在两个小时之后。

这对夫妇回家后写了封信给酒店的经理，他们将这次度假称为"等待中的假期"。因为他们感觉无论做什么，酒店的服务都似乎需要让他们等待很久。他们在信中写道：这是一家让我们充满了美好回忆的酒店，在这些年当中，我们陆续向很多朋友推荐这里作为度假的好去处。然而，这次我们却大失所望，也为我们的朋友感到抱歉。尽管我可以选择将此事告诉媒体，但是最终还是取消了这个念头，我想失去忠诚的顾客是你们最大的损失。

这封信寄出去后很久都没有回音。终于有一天，酒店的副总经理在查看顾客留言时发现了这对夫妇的留言，声称他们非常不满意酒店的服务，因为时间的关系，他们会稍后写信过来。酒店的副总经理马上要求查看是否收到他们的来信，最后发现这封信始终没有给予答复。于是酒店副总经理立刻致电这对夫妇，并对当时的服务情况作出了解释，因为当时的确是酒店的一个特殊时期，发生那样的状况纯属偶然。

这对夫妇表示，事实上他们带着愿意听听酒店的解释的心情写那封信的，但是这似乎又是一个漫长的等待。很抱歉他们已经把自己的遭遇告诉了很多人。

如果说酒店一时服务的失误事出有因，那么为什么一封投诉信会被搁置那么久呢？原来回复信件一直由酒店一位经理负责，而这位经理那段时间抱病在家，造成了回复信件的耽搁。似乎这位经理情有可原，然而，只有员工才能够履行企业的承诺，由于他的疏忽造成企业形象的伤害已经无法挽救了。

通用系统公司（General System Co.）曾经做过这样的统计：如果全球市场中的 1 个消费者对某产品或服务的质量满意，会告诉另外 6 个人；如果不满意，则会告诉 22 个人。因此，作为员工，我们有必要了解：表面上今天你为企业得到了 1 位顾客，也许事实上企业得到了 6 位顾客；而如果今天你导致企业失去了 1 位顾客，也许企业最终失去了 22 位顾客。如果每一个员工都帮助企业积极获取每一个顾客，这个企业怎么可能不生意兴隆、蒸蒸日上呢？

可见，每一位消费者我们都要认真对待，他们都对企业的名誉有着直接的影响。我们的职责要求我们履行企业的承诺，而一个小小的疏忽，都可能造成企业形象的损失。

我们在工作中常常会遇到许多与完成工作相冲突的情绪或状态，诸如：我今天生病了，实在没有心情工作，别的同事也很忙，再说他们也没有义务来帮助我，算了，还是把工作拖延一下吧。公司正在进行人员调动，我还不知道被调到什么岗位上去呢，我自己都不知道怎么办好，哪有心思服务他人。我最近家庭关系很糟糕，请给我几天让我冷静一下。

因为处于不佳的状态，因为情绪糟糕，我们常常会拖延工作的期限、无视客户的需求，甚至取消重要的工作。我们并非要求员工没有任何个人情绪或不佳的状态，但是无论我们有着什么样的个人问题，我们仍然需要明白一点，那就是：只有你才能够履行企业的承诺。

如果在工作中，发生个人问题影响到工作，一方面我们需要本着责任心尽自己所能地完成任务，并且确保一如既往地为顾客提供高质量的服务；另一方面当我们确实无法完成任务提供服务时，我们必须明确究竟有多少可能产生负面影响的情况，有多少重要而又紧急的事务等待处理，并且向领导汇报这些情况。一个"诚信"的员工决不会在这个时候想当然地认为：别人会帮我完成任务的，我处于这样的情况，即使有些疏忽别人也会予以理解的。

因为在目前这个职位上工作的是你，而不是别人，因此没有其他任何一个人比你更清楚你的工作可能产生一些什么问题，什么是潜在的风险，什么是潜在的收益。无论处于什么样的情况，诚信的原则都会推动你履行企业的承诺。

曾经有一家物流公司就遇到过这样的问题：

一家物流公司发现他们的一个合作多年的大客户已经很久没有给他们派单了，于是这家公司就派了一位销售经理去了解情况。这个大客户只是说他们目前在和另外一家物流公司合作，因为那家公司给出的条款更好。这位销售经理多方打听后发现，事实上，这个大客户新合作的物流公司条款并不比他们好，是什么使他们失去一个大客户的呢？

这位销售经理再次访问了这个大客户的管理层，最终因为他的诚意，大客户的管理层告诉了他真实情况。他们之所以更换合作伙伴是因为这个物流公司与他们的沟通有问题，以至于物流公司更换优惠条款都没有通知他们，条款的改动不是问题，但是这种沟通状况令他们十分担忧。

然而，这个物流公司又怎么会没有能够做到如此基础的沟通呢？结果是，原先负责此事的员工已经离职，离职前他没有完成必要的沟通，而新上任的员工接受的就是新条款，因此并没有意识到其中有客户沟通问题存在。

不仅仅是 CEO 的离职可能造成企业经营战略延续性的影响,一个小职员离职时没有将工作做好也可能产生企业的巨大损失。

员工离职时,自然会有一种将往日的包袱通通甩开,迎接新的工作的快意。然而诚信的员工一定会确保自己工作的延续性,完成必须完成的工作,进行必要的工作交接。你的前一个雇主对你的评价对于你未来的雇主乃至职业的发展均有着至关重要的作用,然而没有一个雇主会对那些在离职时不负责任的员工给予任何好评。

你被企业雇用,因此你对企业有着承诺;顾客购买了企业的产品或服务,因此企业对他们有着承诺;只要你仍然是企业的一员,无论是否即将离职,你都必须帮助企业完成承诺。

一个诚信的员工必定相信自己是企业履行承诺的唯一人选。只有自己才能够履行企业的承诺,这是企业员工应该时刻牢记的一个原则。

只有你才能够规避企业的风险

每一个员工在企业中都有自己相应的岗位和职责,各司其职。因为您正履行着这个岗位上的职责,因而您对此岗位相关的工作内容是最为了解、掌握信息最为完全的。企业高层管理者没有掌握到的细节,一个普通职员却可能想到。让我们来看一个发生在中国的真实故事。

武汉市鄱阳街有一座 1917 年修建的 6 层洋楼,这座名叫"景明楼"的楼宇在度过 80 个春秋后的一天,该楼的设计者——英国一家设计师事务所远隔万里寄来一封信,告知:景明楼为本所 1917 年设计,使用期限80年,现已超期服役,敬请业主注意。

看了这个故事,可能许多人会觉得无法理解这种做法。事情已经过去80年了,还会有谁记得是这家事务所设计了这幢景明楼呢?即使有人记得,又有什么必要寄来这封信呢?在许多人看来这根本就是多此一举,而恰恰是这"多此一举",才是这家企业诚信的表现,是企业员工诚信的表现。

企业讲究信誉,所以对客户负责,对产品负责。员工注重诚信,所以贯彻执行企业的服务,不会因为年代久远、客户远在国外而耽搁。整个故事中,负责这封信事宜的员工规避了企业潜在的风险。试想,如果景明楼因年久失修而倒塌,造成人员伤亡,即使不是设计者的原因,对设计者的名誉肯定会造成很大的损害。

有时看似一件小事,却与企业生存、发展息息相关。员工的一个小小举动可以帮助企业规避风险,赢得荣誉;同样,员工一个细微的失误也会使企业蒙受巨大的损失,甚至破产。那些小失误不断,却又觉得无足轻重的人最好读一下下面这个关于巴林银行破产的故事:

里森于1992年在巴林银行新加坡分行任期货交易员时,巴林银行原本有一个"99905"的"错误账户",专门处理交易过程中因疏忽造成的错误,这原是金融体系运作过程中正常的技术手段之一。

这年夏天,伦敦总部要求里森另设立一个"错误账户",记录较小的错误,以免麻烦伦敦的工作。于是里森建立了"88888"这个新的"错误账户"。几周后,伦敦总部又要求统一使用原来"99905"的账户来与伦敦联系。但这个已经建立的"88888"错误账户却没有被注销掉。就是这个被忽略的"88888"账户,日后改写了巴林银行的历史。

　　相信巴林银行破产的案例大家都早有耳闻,而罪魁祸首里森正是利用巴林银行这个漏洞大量挪用公款,用以自己炒作期货,以致最后巴林银行亏空倒闭。而这一切,都只源于一个小小的"账户"。

　　在这个案例中,里森肯定是一个不诚信的员工,他违背职业道德,触犯法律,必然走向失败。但从另一个角度看,巴林银行负责注销这个"88888"账户的员工、负责审计银行财产的员工都同样出现了失误。甚至可以说,是他们为里森的行为大开方便之门。里森所有的行为是利用这个本该注销的账户操作的,如果注销、审计中的一个环节发现自己的失误,并及时修正,规避风险,相信巴林银行快速倒闭的结局将会改写。

　　可见,每一个员工的职责都是不可替代的,一个很小的失误也可能衍变成巨大的风险,造成企业无可挽回的损失,改写企业的历史。一个诚信的员工必须时刻关注自己的工作,明确自己职责内企业可能遇到的风险,及时采取行动帮助企业规避风险。要相信只有自己才能够规避企业的风险。

积极改进企业的产品与服务

　　比尔·盖茨曾经总结过微软的"最好的员工"所需要具有的特质,其中有这样几条:对产品、技术有强烈的兴趣,甚至是布道者般的虔信和激情;与公司一致的长期目标和思维,能自我激励和不断自我完善;具有特长的知识和技能,有迅速学习的能力;专注于竞争对手,从竞争对手学会更聪明的做法,避免它们的错误;会思考,更会行动;能够迅速决断,承诺结果。

　　这些特质的第一条就是:对产品、技术有强烈的兴趣,甚至是布道者般的虔信和激情。

同微软一样,许多世界知名企业鼓励员工参与创造、改进企业产品与服务。企业意识到这样可以培养员工的主人翁精神、诚信意识和品牌忠实度,增加企业竞争力。只有从内心肯定自己企业生产的产品,对本企业产品有很高的忠实度,员工才会向他周围的人推荐自己企业的产品与服务,既而提高企业知名度和美誉度。如果你自己都不认可企业提供的产品与服务,你就不会想要去改进,更不会向你周围的人推荐。

让我们来看看加藤信三的故事,看他是如何通过积极改进企业产品,最终获得企业与个人的共同成功的。

日本狮王牙刷公司的员工加藤信三为了赶去上班,仓促之中刷牙时,导致有些牙龈出血。他感到非常不舒服。因此一等到空闲下来,便和几个要好的伙伴提及此事,并相约一同设法解决刷牙容易伤到牙龈的问题。

他们想了不少解决刷牙造成牙龈出血的办法,如将牙刷毛改为柔软的狸毛;刷牙前先用热水把牙刷泡软;多用些牙膏;放慢刷牙速度等,但效果都不太理想。他们进一步仔细检查牙刷毛,在放大镜底下,发现刷毛顶端并不是尖的,而是四方型的。

加藤信三想:把它改成圆形的不就行了!于是他们着手改进牙刷。

加藤信三经过实验取得成效后,正式向公司提出了这一改变牙刷毛形状的建议,公司很乐意改进自己的产品,欣然把全部牙刷毛的顶端改成圆形。改进后的狮王牌牙刷在广告媒介的作用下,销路极好,连续畅销十余年之久,销售量占全国同类产品的 30%～40%,加藤信三也由职员晋升为科长,十几年后成为公司的董事长。

我们在平时的工作、生活中，不缺乏需要改进的产品，而是缺乏发现问题的细心，缺乏解决问题的耐心，缺乏把想法变成现实的信心。一个在现实中谁都有可能遇到的情景，如果换成你，可能只是抱怨几句，或是处在产品生产者或服务提供者的角度也不觉得有什么需要改进的。但是加藤信三不是这样的，他希望自己所在的公司提供的产品是人性化地站在顾客角度设计的，是无可比拟的。因此，他积极尝试不同的方法，最后把想法变成了现实。改进产品不仅使企业得益，也帮助他在十几年后获得了个人辉煌的成就。

不仅产品如此，服务也是一样，让我们来看一个同样是日本企业的案例。

东京一家贸易公司有一位女士专门负责为客商购买车票。她常给德国一家大公司的商务经理购买往返于东京、大阪之间的火车票。不久，这位经理发现一件趣事：每次去大阪时，座位总在右窗口，返回东京时又总在左窗边。经理询问这位女士其中的缘故。

女士笑答道："车去大阪时，富士山在您右边，返回东京时，富士山已到了您的左边。我想外国人都喜欢富士山的壮丽景色，所以我替您购买了不同的车票。"

就是这种不起眼的细心，使这位德国经理十分感动，促使他把对这家日本公司的贸易额由400万马克提高到1 200万马克。他认为，在这样一个微不足道的小事上，这家公司的职员都能够想得这么周到，那么，跟他们做生意还有什么不放心的呢？

案例中那位做事仔细，服务周到的服务人员虽然只是做了件微不足道的事，但她周到、仔细的服务却给客户留下了深刻印象，为企业带来了信誉和利益。正如德国经理所认为的，在微不足道的小事上，企业的员工都能够想得这么周到,说明和这样的企业做生意也同样是令人满意的。

员工应当重视企业生产的产品与提供的服务,自觉收集客户的建议和意见,及时与相关部门沟通。积极改进企业产品,提升服务品质,帮助企业获得利益,也为企业在客户心目中树立了良好的形象,提升了企业信誉。

不因为短期业绩表现损害企业长远利益

企业对员工往往会给出一定的绩效指标要求,尽职尽责地完成个人业绩指标,本身就是员工对企业的一种承诺。但是在完成个人业绩指标的过程中,我们需要关注两个方面,一个是"最终目的是什么,能否达成",而另一个则是"如何达成"。企业运营中,经常有些员工为了达成短期的业绩表现作出有损企业长远利益的行为,例如:

将货物发送到分销商或代理商的仓库,造成业务的虚假繁荣,对下一年度的业务运营造成巨大压力。

为了在当期获得客户,而作出一些未来企业难以兑现的承诺。

为了获得更高的产品利润,降低产品质量。

以上这些行为都会对企业长远利益造成损伤,员工如果为了个人短期的业绩表现而诉诸以上行为,都是完全背离"诚信"原则的。

Qualified Service(QS)是一家市场上领先于同行的人力资源信息服务公司,他们的业务经营范围之一就是为企业提供人才招聘信息。作为这家公司的业务发展人员,小宋正在接洽一家世界500强企业建议为其提供网上人才招聘信息平台服务。业务接洽进行得十分顺利,客户已经具有充分购买这项服务的意向。

最后，客户提出了这样一个问题：QS公司提供的网上信息系统能够做到对求职应聘者的年龄、学历、工作经验进行筛选，这一点很好。但是有时客户的需求可能比较独特，譬如客户招聘的恰好是应届毕业生，需要进行筛选的模块则变成了学历、成绩、英语等级等方面。因此客户询问这个网上信息系统是否能够在技术上做到在日常使用过程中自行进行模块调整。

小宋本应该与公司系统研发部门联系，经过技术确认之后才对客户进行反馈。但是小宋担心，如果告诉客户公司系统可能暂时无法支持这种调整，客户可能会放弃使用这套系统，那么小宋的这项业务也就流产了。权衡之下，小宋当场就承诺客户：公司的系统可以实现这项技术。

没想到，在客户已经购买了这项服务之后，才发现QS公司的系统无法实现其客户发展人员的承诺，于是立即解除了合约，并在企业同业人力资源论坛上沟通了此事。这使得QS公司不但声誉受到了影响，并且失去了一大批潜在客户。

为了完成短期的业绩指标，某些员工就会采取许多违背原则的行为。他们可能会认为，完成业绩才是最为重要的，他的责任只是获取客户，而如何满足客户的需求是公司其他部门的工作。然而这种事先缺乏沟通而草率承诺的行为不仅对企业造成无法弥补的损伤，对其个人也终将造成损失。

有一次，台湾诗人林先生到在日本的一家中国人开的餐馆，要了一份他感兴趣的汤。入座不久，服务生将一大盆汤放在他面前。他一愣，问服务生："这么一大盆汤，我能喝得了吗？"服务生理直气壮地回答："你没说明要一小碗呀！"他一时语塞，匆匆喝了几口汤，心里感到不是滋味,便按一大盆的价格付了钱后拂袖而去。

后来,他又到一家日本人开的料理店,要了一份同样的汤,也没有说是一大碗还是一小碗。不一会儿,服务生给他端来一小碗汤,并说:"如果不够,可再来一碗。"他只喝了一小碗,当然只付了一小碗汤的钱。再后来,他每次去日本,都要到那家料理店用餐,包括喝他感兴趣的汤。

其实,像前一家餐馆那样只为赚取眼前利益不顾长远利益的案例有很多。其中有一则有关我国对日本出口山野菜的案例。

山野菜中蕨菜出口主要是对日本,以前销路很好,中国的蕨菜出口到日本供不应求,可是最近几年,国外客商的需求却大大下降了,为什么呢?

采集蕨菜的最佳时间只有十天左右,这期间的蕨菜鲜嫩好吃,早了不成,晚了就老了。采好后,要摊开放在地里晾晒一天,第二天翻一遍,再晾晒一天,把水分蒸发干,然后再成把捆好,装箱。等使用时放在凉水里浸泡一下就可以了。

可是当地农民为了多采多卖,把蕨菜采到家,来不及放在地上晾晒,而是放在热炕上烘烤,这样只用两个小时就烘干了。这样加工处理的蕨菜,从表面上看都一样,可是使用时,不管放在水里怎么泡,都像老树根一样,又老又硬,根本咬不动。国外客商发现后,对此提出了警告,一次,两次,还是如此。结果人家干脆封杀,再不从我国进口了。

每每看到这样的案例,都令人痛心疾首。这些人只看见了眼前的利益,觉得加快速度赚钱就好,认为自己捡了个大便宜,其实他们是断送了自己今后的路。

违背原则去获取客户,只能利在一时,而坚持保护企业的长远效益才能够功在一世。员工不应该为了个人一时的得失和业绩表现,作出损伤企业长远效益的举动。眼前利益只是一时的,企业考虑的是如何赢得长远的利益,如何保持长盛不衰。如果员工为了眼前的利益,违背企业原则,断送企业长远利益,最终得不偿失。

用西点军校的法则
建立卓越行动力

☆ 行动是成功与失败的分水岭

☆ 方法比努力更重要

☆ 从失败中学习

☆ 抱团才能打天下

行动是成功与
失败的分水岭

在西点的游泳救生训练中，有一个学员最害怕的动作：穿着军服、背着背包和步枪，从近十米的高塔上跳下游泳池，然后在水中解开背包，脱掉皮鞋和上衣，把这些东西绑在临时的浮板上。

尽管每一个动作，学员们事前都反复演练过，但是真到了要往下跳的那一刻，大部分学员还是会迟疑，走到跳板尽头之后就会停下来。当然，退缩是决不允许的，否则将被勒令退学。所以，尽管犹豫，最终还是行动起来，纵身一跃。

行动是成功与失败的分水岭，无论经过多少思考、畅想和练习，如果没有最终的行动，就毫无意义。

西点军校非常强调行动力，以抵制学生拖拖拉拉的行为。学生不允许迟到，不允许逾期完成任务，一切行为令行禁止。为了营造良好的速战速决的氛围，西点军校老师也不被允许拖堂，总之任何理由的拖延都必须杜绝。

正如五星上将布雷德利在一次获奖演说时所说的那样："西点军校反复鼓励学员提高行动力，停留在想法的阶段永远不可能有所成就，只有立即行动才能获得成功。"

拖延导致平庸,行动成就卓越

西点军校创造了一个理想的教育环境,在这个环境中,学员并不是随随便便无论什么时候想在图书馆都行,他必须在规定的时间里尽最大努力做完规定的事,他必须今日事今日毕,绝不能将任何事情拖到第二天。

"绝不将任何事情拖到第二天"的要求,使学员自觉适应军校生活、自觉完成规定课程、自觉提高自己的意识。在西点军校,每个学员都有责任了解军官基本素质培训的标准,并严格按规划要求达到这个标准。

在第一学年,学员要熟悉 4 年教育计划的主要条款。不同教育组织者要与学员共同研究具体落实目标。比如军事教育计划,包括战术教官将在每个学期中与学员具体探讨和实施的问题都被列在其中。

学员要正确估价自己的信念、价值、信仰和人生观,进行合理的自我评价,对要达到的目标和标准作出承诺。在第二学年,学员就需要开始承担一定的责任和领导职务,比如在野外训练中担任上士、副班长、营区值日员等,他们的任务常常需要管理下一级学生,因此做事干净利落毫不拖延是基本守则,否则给下级学员做了不好的榜样也将被扣纪律点数。

二百多年来,西点军校一直保持着列队的传统。如下就是常见的西点军校列队的情境:

中午 11 点 55 分,或许天气炎热,哈德逊河也无法带来丝丝凉意;或许天气寒冷,哈德逊河畔北风呼啸。这时校园的喇叭里传来:"所有学员请注意:5 分钟内集合,进行午间操练。请在野战夹克里面套上作战服。"

巨大的阅兵场上因为矗立着若干雕像而显得庄严肃穆,乔治·华盛顿将军的塑像俯临阅兵场,艾森豪威尔、麦克阿瑟的雕像挺立两侧。几座方正朴实的石头建筑是兵营,它们分别以布雷德利、李和潘兴等名将命名。

"离午间操练的集合时间还有 4 分钟。"营房里的新生站立着,严阵以待,计算着离规定的餐前集合还有几分钟。在营房的过道,每隔50 英尺就有钟,看时间很方便。

学员们迅速涌向营房之间铺着柏油的大操场。"站好队!"一声令下,一群松散的人顿时排成整齐的队形——每个方阵是一个排,四个排组成一个连,四个连编成一个营,而两个营编为一个团。"立正!"所有目光立即望向前方。

列队是西点的必修课。可以称之为点名的简单操练:从排长开始一级级向上汇报到队学员的数目。当然,列队的意义远不止于此。学员们以此种方式聚在这里,200 年来始终如一。

解散令下,学员们开始列队前进。队列看上去是编排好的——士兵们分 12 列从各个方向整齐地快步走出操场。几分钟后操场上空无一人。数千学员消失无踪,操场上一片寂静。真是一次极不可思议的操练,时间掐得刚刚好。

西点人都有着强烈的时间观念,决不迟到、决不拖延。任何不遵守时间的举动都将可能造成不可收拾的恶果。

"绝不拖延任何事情",这是严格的军人准则,也是战争需要的准则。迅捷、及时、准确,是军事活动中最宝贵的概念。就作战来说,快速准确,才能出其不意,攻其不备,使敌人措手不及;才能把握战机,争取主动,稳操胜券。

著名的埃克森—美孚石油公司把"决不拖延"也列为公司员工的一条重要行为准则。

在"决不拖延"的理念指导下,埃克森—美孚石油公司创建了效率速度部。这个创意来自一级方程式赛车(F1),这一世界顶级赛事完美地诠释了"速度"的价值。

美孚石油的高级管理人员约翰·丹尼斯在他的办公室墙上,写着这样几句话:决不拖延! 如果我拖延下去,我将会怎么样? 如果将工作拖到以后再去做,那么会发生什么? 他曾经说过:"决不拖延,我们就可以轻松愉快地生活和娱乐。避免拖延的唯一方法就是随时开始行动,而随时开始行动,首先必须认识到自己工作的重要性。另外必须记住的是,没有什么人会为我们承担拖延的损失,拖延的后果只有我们自己承担。如此一来,我们就可能在一个庞大的公司里,创造出每一个员工都不拖延哪怕半秒钟的奇迹。"

有一次,约翰·丹尼斯和他的一位助理到公司各部门巡视工作。下午时分到了一个区的加油站,却发现油价告示牌上公布的还是昨天的价格,而不是严格按照总部的即时调价指令,根据最新指令,油价每加仑已经下调了 5 美分。

约翰·丹尼斯立即让助理找来了加油站的主管。他非常恼火地指着报价牌大声说道:"请问你是否还熟睡在昨天的梦中? 要知道,你的拖延已经给我们公司的荣誉造成很大损失,因为我们收取的单价比我们公布的单价高出了 5 美分,如果你是我们的客户,稍后发现这样的结果会怎样想? 我想或许你会贬低我们的管理水平,嘲笑我们的诚意,甚至到处传播让更多的人不选择我们的加油站! 你现在这样拖拖拉拉的行为会使我们的公司被传为笑柄。"

意识到问题的严重性,油站主管连忙说道:"是的,我立刻去办。"

看见告示牌上的油价得到更正以后,这位管理人员总算心情好了一些,说道:"如果我告诉你,你的裤腰带断了,难道你还会拖延吗? 我想你当然会立即去做,否则出丑的只能是你自己。你现在做事拖拖拉拉,就等于让我们的公司出丑。我们信奉的原则是:快速反应,从不拖延,你必须牢记。"

拖延带来的麻烦经常是可大可小,而养成了拖延习惯则是成功道路上的大忌。

根据权威的调查,对服务不满意的客户的投诉比例是:4%的不满意客户会投诉,而96%的不满意客户通常不会投诉,但是会把这种不满意告诉给他周围的其他人。试想一下,在这96%的人背后会有10倍的人对这家企业不满,而且是一传十,十传百地告诉周围的人,这会对企业的形象和日后的收益造成怎么样的损失呢?!

而消费者对服务不满意的很可能就是起源于最初服务人员的一点点拖延。"一点点"的拖延就可能带来结果的改变,更何况是无数个"一点点"的累积。

企业提供顾客服务决不能拖延,而企业把握商机更是不能拖延,小小的拖延就可能与巨大的机会擦身而过。

1921年6月2日,电报诞生整整25周年。美国《纽约时报》对这一历史性的发明,发表了一篇简短的评论,其中有这样一句话:现在人们每年接收的信息是25年前的25倍。

对这一消息,当时在美国至少有16个人作出了敏锐的反应,那就是——创办一份文摘性刊物。在不同的三个月时间里,有16位有先见之明的人士,不约而同地到银行存了500美元的法定资本金,并领取了执照。然而当他们到邮政部门办理有关发行手续时,却被告知,该类刊物的征订和发行暂时不能代理。如需代理,至少要等到第二年的中期选举以后。

得到这一答复，其中15人为了免缴执业税，向新闻出版管理部门递交了暂缓执业的申请。只有一位叫德威特·华莱士的年轻人没有理睬这一套。他回到暂住地，纽约的格林威治村的一个储藏室，和他的未婚妻一起糊了2000个信封，装上征订单寄了出去。

在世界邮政史上，这2000个信函也许根本不算什么，然而，对世界出版史而言，一个奇迹却诞生了。到20世纪末，这两位年轻人创办的这份文摘刊物——《读者文摘》，已拥有19种文字48个版本，发行范围达127个国家和地区，订户1.1亿，年收入5亿美元。在美国百强期刊排行榜上，几十年来一直位居第一。德威特·华莱士夫妇也一跃成为美国著名的富豪和慈善家。

商场如战场，你的拖延就会造成失误，为对手带来先机，赢得利益。一进一退，双方的差距陡然增大。职场亦如战场，你对工作的拖延，会为别人创造机会，令上司先注意到别人，让对手领先你进入升职、成功的大门。

说起网络搜索引擎，相信大家都会想到Google(谷歌)。而对于微软的搜索引擎，可能知晓的人就少许多，而常使用的人就更少了。

微软CEO史蒂夫·鲍尔默曾说过：没有果断巨额投资搜索引擎是微软的严重失误！

事实确实如此。一手缔造了财富神话和微软的比尔·盖茨也犯过不少错误，其中最大的错误就是错过了搜索业务，也因为他错过了这个机遇，才成全了Google。

在早期的互联网搜索市场，微软意志不是很坚定，对于拓展该领域业务的执行也不够坚定。当时，提供技术的公司很多，微软就大多采用了合作的方式。最早同微软合作的是Inktomi，后来这个公司被雅虎收购了；之后微软又选择了 Overture，但没过多久，Overture 也被雅虎收购了；在中国，微软最早的合作伙伴是 3721，同样，3721 还是被雅虎收购了。这样的际遇就像一种游戏，雅虎在中间画了一个圈，微软想冲进去夺垒，但每次刚用脚踩到圈线，都被雅虎打得缩回去。而 Google 也是通过同样的方式成为全球搜索的老大的。

搜索引擎的历史要从 20 世纪 90 年代初开始说起。最开始的搜索引擎是 1990 年由蒙特利尔的麦吉尔大学的学生埃姆塔格、多伊奇和惠兰（Alan Emtage，Peter Deutsch，Bill Wheelan）发明的 Archie，一个 FTP 搜索引擎，用户必须输入精确的文件名搜索，然后 Archie 会告诉用户哪一个 FTP 地址可以下载该文件；1994 年美籍华人杨致远和菲洛（David Filo）共同创办了 Yahoo（雅虎），建立的目录搜索引擎，迎合了当时人们上网最直接的需求：知道上网后可以去哪些网站；随后出现了许多网页搜索引擎，包括 Lycos、Infoseek、Altavista、Inktomi 等，但最让人瞩目的还是 1998 年由佩奇和布林（Larry Page and Sergey Brin）设计的 Google，Google 引入 Page Rank 的网页排序技术，在互联网信息爆炸式增长的背景下，较好地解决了网页相关性问题。Google 推出之后，一发不可收拾，很快成为全球最大的搜索引擎，而且在 2002 年、2003 年连续两年被评为世界第一品牌。

随着 Overture 竞价排名广告的产生，搜索引擎成了互联网的一个金矿。据资料表明，2003 年的全球收费搜索服务市场的规模达到 20 亿美元，接近整个网络广告市场 25% 的销售额。根据当时的预计，到 2007 年，搜索引擎市场将以每年 35% 的速度增长，整个搜索引擎市场的规模将达到 70 亿美元。

但是直到 2004 年，对于搜索引擎，微软仍然没有任何行动。

难怪微软 CEO 鲍尔默说：没有果断巨额投资搜索引擎是微软的严重失误！在意识到自己错过了一次多么令人惊讶的机遇之后，比尔·盖茨决定改正这个错误。

在收购计划失败之后，2004 年 7 月 8 日，微软推出了其搜索引擎试用版。并且号称将在未来 5 年内，战胜 Google 公司的互联网搜索技术，将其广告业务营业额翻一番，赶上并最终超过 Google 公司。然而计划归计划，真正做起来并非想象中那般容易。Google 的强大技术支持和在全球已经建立起来的巨大市场并不是说赶超就能赶超的。它的主页面的简单，搜索的快速，分类化搜索，浩瀚的信息，不用图片、不添加虚假广告的链接……种种做法都是违背传统搜索引擎执业理念的，但是每一项都成了 Google 成功的原因和独特的优势，从而成为全球大部分互联网用户钟情的搜索工具。

Google 让人们知道了搜索引擎是如此万能。以至于现在微软只能学习 Google，Google 推出了附在 IE 上的 Google 搜索栏，微软也推出了 MSN 搜索栏；Google 有新闻搜索，微软也会有 New Bot；Google 有回答问题的 Google Answer，微软也有 Answer Bot；Google 有讨论组搜索，微软就有搜索 Weblog 的 Blogbot。

在 Google 的强大技术能力下，微软似乎只能沦为一名学生，而要赶超 Google，更加是难上加难的事情。而现在，距离微软推出搜索引擎已经过了五年的时间了，微软当年的豪言壮语还在，可终究没有成为现实，Google 依然稳稳地站立在全球搜索引擎的老大地位上。

面对网络搜索引擎的机遇，微软捕捉到了，但是在执行上却少了果断，想要做什么却总比对手迟一步，这都是最初的拖延造成的。

如果在最初微软发现了网络搜索引擎的机会时，立即果断收购，而不是犹豫着采取试探性合作的方式，或许结果不会是今天这样；如果在竞争战打响伊始，立即采取行动，而不是毫无动作地任 Google 发展壮大，或许微软不会落后这么多，在五年内还有赶超的可能；如果在制定了微软搜索引擎战略开始,将这个计划贯彻到底,拿出微软惯有的创意来执行,而不是不断仿效 Google,失去自己的特色,或许微软能获得意想不到的胜利。但这一切都只是"如果",我们的假想而非现实。

微软错过了最佳时机,将对手送上了今天的位置。现在想要在短期内赶超竞争对手几乎是不可能的,而想要在将来的某一天赶上,也需要付出巨大的努力,因为 Google 也没闲着,所以说这一天或许永远都不会到来。

在许多企业,下至基层员工,上至决策者,都有着拖延工作的习惯。

"这项工作还能再放一放……"

"要到明天才截止呢,还不急……"

"这件事等明天再说吧……"

相信这样的话,你我都听过不少。我们认为只是迟一些完成并不会对结果造成怎样的改变,拖延一会没什么大不了。可恰恰是不起眼的一点点拖延,阻碍了个人的职业发展,成了禁锢我们更上一层楼的枷锁。

或许说决不拖延是老生常谈,但也说明了它的必要。唯有立即行动才能改变命运,立即行动才能创造更多的机会。一会儿的拖延,存在太多的意外。你永远也不会提前知道,你拖延的这几分钟,几小时,几天,失去的会是什么。

听过这样一个小故事:说是有一位参观者在艺术工作室里看到一尊塑像,它的脸被头发遮盖,腿上长了翅膀,于是参观者好奇地问雕塑家这是什么,雕塑家告诉他,这尊塑像叫作"机会之神"。参观者不明白为何他的脸是被藏起来的,雕塑家说,因为当他走近人们的时候,很少有人能够看到他,而之所以他的腿上长了翅膀,是因为他消逝得非常快,一旦离去就很难再追上。

洛克菲勒曾说:"不要等待奇迹发生才开始实践你的梦想。今天就开始行动!"

除非你开始行动,否则你到不了任何地方,达不到任何目标。赶快行动,否则今日很快就会变成昨日。如果不想毁恨,就赶快行动。行动是消除焦虑的良方。行动派的人从来不知道烦恼为何物,此时此刻是做任何事情的最佳时刻。

无论是工作还是生活,都是一点点也拖延不得。许多时候,一刻的执行延误会造成巨大的损失、全局的失败,想挽回却无论如何都来不及了。

决不拖延就意味着高效率的工作,是在相应的时间处理相应的事。拖延是一种顽固的恶习,但决不是不可改变的天性。一旦你摒弃了拖延的坏毛病,那你就等于成功了一半。

做事拖延的军人不是一个好军人,做事拖延的员工不是一个好员工。拖延的恶习一点点腐蚀掉原本渴望成功的热情、进取心以及责任感,而唯一解决的良方就是——立即行动起来。

记得富兰克林精辟地说过这么一句话:"成功与失败的分水岭可以用这几个字来表达——我没有时间。"

时间对于每一个人都是公平的。"上天给你的生命不过是许多分钟,而且是有限的。从你出生的那一天开始,你就只有这多分钟的生活,并且无时无刻不在减少。"时间有限,生命有限。我们所能做的就是在有限的时间和生命里充分利用每一分钟,决不拖延,以达到单位时间所能发挥的最大功效。

每个人每天都有同样多的时间,成功人士的秘诀在于总能为自己"挤出"所需要的时间,平庸之辈则总是"没有"时间。因此,拖延导致平庸,行动成就卓越。

明确目标,果断执行

西点军校中,教官在教授学生击剑时告诉学员们:"不要假设自己手中的剑要是再长一点,你就能够击败对方了。事实上,无论你的剑有多长,如果你不能够主动进攻,都是无济于事的。记住只要你向前进一步,那么你的剑自然就变长了。"

西点人认为只有通过实际的行动,通过完美复命才能够升华自我。如果只停留在"想"的阶段,那么永远不会有所成就,只有马上行动才能获得成功。

我们常常为自己设立目标,但是真正成功的人却不多。如同美国哈佛大学人才学家哈里克说的那样:"世界上有 93% 的人都因有了目标却没有有效执行而一事无成。"

每个人的一生中都有着种种憧憬、理想和计划。如果我们能下决心将这些憧憬、理想和计划加以执行,那么我们的事业一定会有所起色。但是,大多数人往往在计划好后,并未去坚定不移地执行,而是一味地拖延,最终让自己失去了热情,丢掉了理想,使计划破灭而一事无成。

曾经看过一个故事,十分感动,放在这儿与大家分享:

一位名叫希瓦勒的乡村邮递员,每天徒步奔走在各个村庄之间。有一天,他在崎岖的山路上被一块石头绊倒了。

他发现,绊倒他的那块石头样子十分奇特。他捡起那块石头,左看右看,有些爱不释手。

于是,他把那块石头放进自己的邮包里。村子里的人看到他的邮包里除了信件之外,还有一块沉重的石头,都感到很奇怪,便好意地对他说:"把它扔了吧,你还要走那么多路,这可是一个不小的负担。"

他取出那块石头,炫耀地说:"你们看,有谁见过这样美丽的石头?"

人们都笑了:"这样的石头山上到处都是,够你捡一辈子。"

回到家里,他突然产生一个念头,如果用这些美丽的石头建造一座城堡,那将是多么美丽啊!

后来,他每天在送信的途中都会找到几块好看的石头,不久,他便收集了一大堆。但离建造城堡的数量还远远不够。

于是,他开始推着独轮车送信,只要发现中意的石头,就会装上独轮车。

此后,他再也没有过上一天安闲的日子。白天他是一个邮差和一个运输石头的苦力,晚上他又是一个建筑师。他按照自己天马行空的想象来构造自己的城堡。

所有的人都感到不可思议,认为他的大脑出了问题。

二十多年以后,在他偏僻的住处,出现了许多错落有致的城堡。有清真寺式的、有印度神教式的、有基督教式的……当地人都知道有这样一个性格偏执、沉默不语的邮差,在干一些如同小孩建筑沙堡的游戏。

1905年,法国一家报社的记者偶然发现了这群城堡,这里的风景和城堡的建造格局令他慨叹不已。为此写了一篇介绍希瓦勒的文章。文章刊出后,希瓦勒迅速成为新闻人物。许多人都慕名前来参观,连当时最有声望的大师级人物毕加索也专程参观了他的建筑。

现在,这个城堡已成为法国最著名的风景旅游点。它的名字就叫作"邮递员希瓦勒之理想宫"。在城堡的石块上,希瓦勒当年刻下的一些话还清晰可见。

有一句就刻在入口处的一块石头上:"我想知道一块有了愿望的

石头能走多远。”

据说，这就是那块当年绊倒过希瓦勒的第一块石头。

这是一个关于实现梦想的故事。我们常常会问，怎样才能成功？事实上，这不难，只需要明确了目标之后果断行动，坚持不懈地走下去。但这也恰恰是大部分人做不到的。

做培训时，常遇到企业的老总谈及他们所需要的人才，提及最多的便是诚信与执行力。在老板眼中，诚信代表了员工愿意为企业、为工作付出多少，而执行力代表了他能够做出怎样的成绩。

我们的工作虽然并不一定是我们的理想，但是如果对于上司的命令，企业的策略能够果断、坚定地执行，那我们一定能在事业上获得更大的成就。相反，缺乏果断的执行力，企业将蒙受损失，而个人的职业生涯也必定受到影响。

大家都知道麦当劳快餐店，但是对于雷·克罗克——这个麦当劳快餐店的创始人可能不太熟悉。雷·克罗克通常有一个习惯，不喜欢坐在办公室里办公，大部分工作时间都用在“走动管理”上，也就是说他将在公司的时间基本上都花在了到所有各家子公司、部门走走、看看、听听、问问上。

麦当劳公司曾有一段时间面临严重亏损的危机。克罗克利用他的“走动管理”发现了一个重要原因，就是公司各职能部门的经理有着严重的官僚主义，不喜欢务实，而是习惯性躺在舒适的椅背上指手画脚，把许多宝贵的时间都耗费在抽烟和闲聊上。

于是克罗克发布命令：将所有经理的椅子靠背锯掉，并立即照办。

很多人私下里都骂老板是个疯子。不久，当大家纷纷走出办公室,深入基层,开展"走动管理"时,就发现了管理当中存在着许多以前没有意识到的问题。于是,大家及时了解情况,现场解决问题,在所有人的一致努力之下,终于使公司扭亏转赢。

最初的亏损是因为经理人习惯了空谈,总是指手画脚而缺乏执行力,同样这样的恶习也传染给了下属员工,让他们对于企业的战略实施、门店的日常运营都漫不经心,缺少执行。这样的一个企业氛围怎么会不影响到企业的盈利和发展呢?

幸好,他们有一位乐于执行的老板,总喜欢不断走动,切实观察企业的运营状况,这就给了他发现企业问题的机会。而后,因为他敢于执行,将所有经理的椅子靠背锯掉,并且立即执行,将原本空谈、缺乏行动力的企业氛围完全转变,才有了公司之后的扭亏为赢。

企业内,如果每个人都乐于执行、果断执行,那这个企业必定效率非凡;相反,如果个个畏首畏尾或者整日空谈,缺少执行实干的人,那这个企业必定迅速衰退。

在全球两大软饮料巨头可口可乐和百事可乐的竞争中,可口可乐就因为没有抓住机遇而在 2005 年被一直处于老二地位的宿敌百事可乐赶超,成为到目前为止可口可乐历史上最大的失败。

2004 年《福布斯》杂志"全美最有价值公司品牌"中,百事公司以 561 亿美元位列前十名,首次超越一直以品牌价值为傲的可口可乐;2005 年 12 月 12 日,可口可乐的股票市值以 979 亿美元低于竞争对手 5 亿美元,首次被宿敌百事可乐超过,从而痛失保持了一个多世纪之久的"可乐之王"桂冠。

可口可乐 1886 年诞生,百事可乐 1898 年诞生。它们口味接近,营销模式相似,同样历史悠久,经年的激烈的竞争,造就了可口可乐和百事可乐的数十亿美元的品牌价值,衍生出惊人的商业文化,不断变换的包装设计,以及千变万化的营销方式,无不引领着营销潮流。

一个多世纪以来,可口可乐一直是全球软饮料的老大,然而随着品牌价值与股票市值的先后不敌百事可乐,这位百年巨头不得不承认一个事实,自己失败了,至少目前尚站在失败的地位。市场竞争是残酷也是公平的,可口可乐终于为近几年没有抓住市场机遇,对市场需求反应迟缓而付出了沉重代价。

早在20世纪,就有人预言,21世纪将是运动、健康和休闲的世纪。尽管在碳酸饮料领域,可口可乐依旧稳坐头把交椅。但与之相比,百事可乐旗下品牌则更为多样化,年销售额超过10亿美元的国际知名品牌就有十多个。2004年底,可口可乐当时上台不久的董事长兼首席执行官内维尔·艾斯戴尔就公开承认,人们对肥胖的担忧是其面临的一个重大挑战。他指出,可口可乐对消费者更健康饮食习惯的需求一直都反应迟缓。但是百事可乐早在20世纪末就已经开始着手针对这个问题调整自己的商业布局。而可口可乐恰恰错失了这个机遇,因此导致2004年在品牌价值上、2005年在股票市值上先后输给了百事可乐。

1998年,百事可乐就收购了Tropicana,此举为公司生产健康食品,并提高产品品质提供了新的机会。随后,公司又收购了桂格公司(QuakerOatsCo.),因此获得利用麦片和米饭制作休闲食品的新技术。2005年11月,百事可乐再以1.3亿美元的价格拿下欧洲知名食品商莎拉·李公司。

目前,休闲食品为百事可乐贡献的收入已占公司总营业收入的半壁江山,包括可乐在内的软饮料销售收入份额只占了近20%。与之形成鲜明对比的是,可口可乐80%的收入依旧仰仗碳酸饮料。这样一来,可口可乐的核心事业,恰好也是业绩负成长最为显著的业务。过去5年,可口可乐销售平均增长2.3％,而百事可乐则高达7.5％。可见,百事的创新和多元化经营已经取得巨大成功。

在消费者尤其是年轻一代纷纷从含糖饮料转向更健康功能饮品的时代,百事可乐率先抓住了转型机遇。而可口可乐在死守固有阵地的时候已经错过了拓展新市场的许多机会。现在,可口可乐终于意识到这一点,正努力步百事的"后尘",大力开发"美汁源"果汁、"Powerade"运动饮料和"达萨尼"瓶装水等非碳酸饮料,但此时的市场早已为百事所抢占,销售业绩一直不甚理想。

当然,可口可乐也不会轻易言败。公司产品策略几经调整,并已经取得不小成绩。然而,正所谓"一失足成千古恨",较之百事可乐,可口可乐显然已经错失发展多元化道路的先机。

许多时候,晚一步,发展的结果就差万步。正如凯蒙·威尔逊所说:"当你想到一个主意时应当去寻觅果断执行的理由,而不是去琢磨不执行的借口。"机遇总是稍纵即逝,如同一泻千里的洪流,它的突然奔涌所附带的强大力量往往具有不可言喻的震慑力,很多人因一时的恐慌而在这股洪流面前踌躇犹豫,不敢举步。

工作中也是如此,谈论设想、计划未来,要带动当前的行动才有益处,否则便只是空想。想要成功,就必须用行动来接近自己的梦想。

如同心理学家兼哲学家威廉·詹姆士所说:"种下行动收获习惯,种下习惯便会收回性格,种下性格便会收获命运。"这一切都是从行动开始的。立即行动,从今天开始,从现在开始,这就是成功的秘诀。

任何时候,如果你有了好的想法,就请用行动来实现它,而不要只把它停留在你的心中。想法再好终究是空中楼阁,只有通过执行这个计划才能帮助它逐渐成为现实。

更何况，世界从不会停下来等任何人，如果你确立了目标，拟订了计划，那就付之行动吧，因为我们知道，成功只青睐善思而力行的人。既然决定要做，就不能迟疑，不要等待，勇敢地迈出第一步，从此走上成功之路。

霍勒斯·格里利曾说："做事的方法就是马上开始。"我们对待工作的态度也该如此。每个人在企业中都扮演着执行者的角色，只是执行的内容、流程不同，但执行的能力是职业精英不可或缺的。每个人都渴望在自己的职业领域拥有一番成就，那请记住：

"现在"就是行动的时候。一有工作，就立即动手执行，只要行动起来，任何事情都会变得简单。今日事今日毕，有问题就马上解决，决不要拖到明天。

不要等到万事俱备以后再去做，因为永远没有绝对完美的时机。再好的创意只有付诸行动才有意义。用行动来化解担心和恐惧，不要因为害怕而畏缩不前。世上没有轻而易举的成功，只要行动起来，担心就会自动化解。

一个优秀员工，应该具有自动执行的强烈热忱，一种敢于回答"保证完成任务"的信念和决心，从不拖延抱怨、从不寻求借口，而是想尽一切办法，克服一切困难，果断执行。

成功人士始终把果断执行作为最核心的行为准则，敢于执行，不怕困难，有坚决执行命令的决心。

休斯·查姆斯在担任"国家收银机公司"销售经理期间曾面临一种最为尴尬的情况：该公司的财政发生了困难。这件事被在外头负责推销的销售人员知道了，并因此失去了工作的热忱，销售量开始下跌。到后来，情况更为严重，销售部门不得不召集全体销售员开一次大会，全美各地的销售员皆被召去参加这次会议。查姆斯先生主持了这次会议。

首先,他请手下最佳的几位销售员站起来,要他们说明销售量为何会下跌。这些被唤到名字的销售员一一站起来以后,每个人都有一段最令人震惊的悲惨故事要向大家倾诉:商业不景气,资金缺少,人们都希望等到总统大选揭晓后再买东西,等等。

当第五个销售员开始列举使他无法完成销售配额的种种困难时,查姆斯先生突然跳到一张桌子上,高举双手,要求大家肃静。然后,他说道:"停止,我命令大会暂停10分钟,让我把我的皮鞋擦亮。"然后,他命令坐在附近的一名黑人小工友把他的擦鞋工具箱拿来,并要求这名工友把他的皮鞋擦亮,而他就站在桌子上不动。在场的销售员都惊呆了。他们有些人以为查姆斯先生发疯了,人们开始窃窃私语。在这时,那位黑人小工友先擦亮他的第一只鞋子,然后又擦另一只鞋子,他不慌不忙地擦着,表现出一流的擦鞋技巧。

皮鞋擦亮之后,查姆斯先生给了小工友一毛钱,然后发表他的演说。他说:"我希望你们每个人,好好看看这个小工友。他拥有在我们整个工厂及办公室内擦鞋的特权。他的前任是位白人小男孩,年纪比他大得多。尽管公司每周补贴他5元的薪水,而且工厂里有数千名员工,但他仍然无法从这个公司赚取足以维持他生活的费用。"

"这位黑人小男孩不仅可以赚到相当不错的收入,既不需要公司补贴薪水,每周还可以存下一点钱来,而他和他的前任的工作环境完全相同,也在同一家工厂内,工作的对象也完全相同。"

"现在我问你们一个问题,那个白人小男孩没有得到更多的生意,是谁的错?是他的错,还是顾客的?"

那些推销员不约而同地大声说:"当然了,是那个小男孩的错。"

"正是如此。"查姆斯回答说,"现在我要告诉你们,你们现在推销收银机和一年前的情况完全相同:同样的地区、同样的对象以及同样的商业条件。但是,你们的销售成绩却比不上一年前。这是谁的错?是你们的错,还是顾客的错?"

同样又传来如雷般的回答:"当然,是我们的错。"

"我很高兴,你们能坦率承认自己的错。"查姆斯继续说,"我现在要告诉你们。你们的错误在于,你们听到了有关本公司财务发生困难的谣言,这影响了你们的工作热忱,因此,你们不像以前那般努力了。只要你们回到自己的销售地区,并保证在以后30天内,每人卖出5台收银机,那么,本公司就不会再发生什么财务危机了。你们愿意这样做吗?"

大家都说"愿意",后来果然办到了。

案例中那些员工曾强调的种种借口:商业不景气,资金缺少,人们都希望等到总统大选揭晓以后再买东西等,一旦我们愿意为目标努力,愿意去果断执行,这些借口仿佛根本不存在似的,统统消失了。

执行并不是一种简单、冒失的口号,而是一种说出来就必须做到的承诺。一个缺乏执行力的员工终将会被淘汰,一个缺乏执行力的团队不能获得成功。唯有时刻以"明确目标、果断执行"来激励自己的员工和企业,具有从不拖延、抱怨,从不寻找借口,而是想尽一切办法、克服一切困难,将任务执行到底的精神的人,才能拥有强大的竞争力,才会成为这个时代的宠儿。

积极主动,自动自发

对于一个军人来说,只有接受命令,完成任务,而没有权力对恶劣的条件抱怨或是自顾自沉浸在对困境的担忧之中。而对于一个面临困境急于摆脱的人来说,环境不可逃避,唯有面对这一切。

许多时候，我们不能改变世界，但是我们能够改变自己的心态，以自动自发、积极热情的心态来面对一切。态度一旦改变，心也会随着改变，正如同西点人常说的：当你微笑地看着世界的时候，世界就是阳光灿烂的。

美国陆军在沙漠里训练，一名军人的妻子随军来到沙漠。但是她十分不喜欢这里，就给她的爸爸妈妈写了一封信，后来，她的妈妈给她写了回信。在信中妈妈给他讲了两个犯人，一个在狱中看到了天上的星星，一个看到的是地上的泥土。

读了妈妈的信后，这个军人的妻子立刻恍然大悟。从此，她变了态度。她虽然不能和沙漠的土著人用语言沟通，但她用手势和他们交流，还把饼干等送给土著居民，土著人也把一些贝壳送给她。她感到十分快乐，回到美国后，她还举办了贝壳展览，还写了一本书，就是《快乐的城堡》。

沙漠还是原来的沙漠，土著人还是原来的土著人，这些客观的环境都没有变，但是心态变了，快乐也就来了，可见心态决定成功。

如果眼光仅仅盯住地上的泥土，你将错过美丽的星空。很多时候，事情并没有改变，我们只需要改变我们所关注的焦点，改变我们的心态，一切都将不同。

积极主动才能适应变化多端的现实社会，消极被动只会让你沉溺于困境之中。西点军校要求每一位学员都能够做一个坚强乐观的人，唯有坚强乐观的人才能在严峻的环境下依然前行。

每个人都需要有一颗乐观坚强的心。从现在开始，积极调整你的心态，以一种自动自发的态度来对待一切，哪怕是你不喜欢或是不愿意去做的。不久，你就会发现，你的世界正在改变，因你的自动自发，乐观积极而变得更加美好。

曾经有一次，有三个人做了一个小游戏：同时在纸片上把他们曾经见过的性格最好的朋友的名字写下来，还要解释为什么选这个人。结果公布后，第一个人解释了他为什么会选择他所写下的那个人："每次他走进房间，给人的感觉都是容光焕发，好像生活又焕然一新。他热情活泼，乐观开朗，总是非常振奋人心。"

第二个人也解释了他的理由："他不管在什么场合，做什么事情，都是尽其所能、全力以赴。"

第三个人说："他对一切事情都尽心尽力。"

这三个人是美国几家大刊物的记者，他们见多识广，几乎踏遍了世界的每一个角落，结交过各种各样的朋友。他们互相看了对方纸片上的名字之后，发现他们竟然不约而同地写上了澳大利亚墨尔本一位著名律师的名字，这正是因为这个律师拥有无以伦比的热情的缘故。

我们对待工作没有任何的逃避或借口，只有带着无与伦比的热情工作的人才可能做出成就。一个对待工作没有热情的员工，是不可能敬业的，更不要说高效率地创造性地完成工作了。

什么样的状态算是完成了自己的工作？可能很多人都会认为只要准时上班，按点下班，不迟到、不早退就是完成工作了，这样的话也就可以心安理得地去领工资了。

但是，工作首先应该是一个态度问题，在进行工作时需要热情和行动，无论从事任何工作都需要努力和勤奋，工作需要一种积极主动、自动自发的精神。只有在工作中做到自动自发的员工，才能够赢得更多的奖赏和上司的欣赏。

大部分的人每天都是茫然的上班、下班，到了固定日子领回自己的薪水,遇到高兴的事情就庆祝一番,遇到烦恼的事情抱怨一番之后,仍然茫然地上班、下班……而这些人从不思索关于工作的问题:到底什么是工作? 做工作是为什么? 这样的人只是在被动地应付工作,只是为了工作而工作,这样的人是不可能在工作中投入全部的热情与智慧。对于这些人来讲,工作只是一些机械的任务,简单的完成,而没有主动的创造,更不会自动自发地工作,这样的工作态度是不会带来任何成功的。

那些每天早出晚归的人不一定是认真工作的人,那些每天忙忙碌碌的人不一定是优秀地完成了工作的人,那些每天按时打卡、准时出现在办公室的人不一定是尽职尽责的人。对不会自动自发工作的人来讲每天的工作可能是一种负担,想的是如何逃避责任,这些人不能够做到工作所要求的那么好。对于企业和老板而言,他们需要的应该不是那种仅仅会遵守纪律,但是却缺乏热情和责任感,不能够做到自动自发工作的员工。

所谓的自动自发,就是代表要随时把握住稍纵即逝的机会,并且通过不断的累积达成目标。永远保持这种自动自发的工作态度,勇于为自己的行为负责,这便是成功人士与"混日子"的人之间最大最根本的区别。

行百里者半九十

为了更清楚地了解这一俗语,或许我们可以先了解一个奇妙的"三十天荷花定律"。

荷花第一天开放的时候只有很小的一部分,也就是人们所说的小荷才露尖尖角。第二天,荷花就会以比前一天大一倍的速度开放,到了第三十天，荷花就会开满整个池塘。

那么是不是荷花在第十五天时开了一半呢？答案并非如此。事实上，到第二十九天时，荷花也只不过是开了一半，但是却会在最后一天盛开后面的一半。如果差了最后一天，则前二十九天的努力都全功尽弃。这就是"三十天荷花定律"。

需要三十天才会盛放的荷花，开到二十九天如果失败也等于凋零；走一百里路，走了九十里只能算是走了一半。愈接近成功愈困难，愈要认真对待，半途而废等于全功尽弃。

著名的西点军校的五星上将布雷德利为了实现自己成为将军的目标，就曾经付出过超出常人的坚持。

布雷德利并没有像同期毕业的那些校友一样扎根于军营中，而是将大部分的时间投入教学上面，他做教官的时间占据了他的军事生涯的大半，达到了13年之久，这在很多的美国高级将领中是不多见的。

从表面上来看，布雷德利好像一直比那些在军营中的军官发展得慢，由于他盘旋在军营之外，因此也失去了许多的晋升的机会和实战的锻炼，但是他并没有浪费他在军校中的那些时间。

在西点军校中布雷德利是数学系的教官，当时的校长是麦克阿瑟将军。通过教授数学布雷德利的数学水平大有长进，更重要的是通过数学教学也同时锻炼了布雷德利的逻辑思维，培养了他合理思维的习惯，提高了他的推理能力，这些对于一个军事家是非常重要的能力。布雷德利也成了美军将领中心思最为缜密，做事最有条理的将军之一。

布雷德利还兼任体育教练，这不仅使得他得到指挥和组织能力的锻炼，在他的带领之下，学校的球队还获得了橄榄球锦标赛的冠军。

这也奠定了他之后在军事活动中注意进攻，又强调后备的攻守平衡的军事思想。

在 1929 年，布雷德利来到了本宁堡步校，在这里布雷德利遇到了他人生中最重要的人——当时的副校长是著名的马歇尔将军。马歇尔将军是一个知人善任的伯乐，在本宁堡步校中，马歇尔对布雷德利非常赏识，后来马歇尔出任美国陆军参谋长，很快就点名要布雷德利出任马歇尔办公室的工作。此后，布雷德利旋即出任美军第 82 师师长。非常具有戏剧性的是，布雷德利成为西点军校同届毕业生中第一个当上师长的人，反而超越了许多原来"跑在"他前面的同学。

多年之后，布雷德利回首往事时，对这 13 年的教官生涯非常难忘，这对他之后在军事上的发挥和晋升累积了不少的经验。

如同人们追寻成功的道路一样，所谓厚积而薄发，首先要有厚积方可薄发。要在成功的道路上坚定和坚持，我们需要的是信念和恒心。

有位名人曾经说过："一个有坚定信念的人，胜过一百个只有兴趣的人。"人的信念就是拥有这样神奇的力量，是一种由愿望产生的，因为愿意相信才会相信，希望相信才会相信的力量。而只有拥有了坚定的信念，才能运用这神奇的力量。这种力量不断地创造我们的生活，使我们按照它行事。

正是信念，给了弱者以勇气，给了气馁者以希望，给那些强者以更强大的力量。如果你对自己有足够的信心，如果你有坚定的信念，并且从不放弃这个信念，你就会发现自己原来拥有这样的潜力，原来自己可以做到许多事情。

不积跬步无以至千里，无论在怎样的情况下只要想着目标努力前进，终会达到终点。

著名励志大师奥利森·马登曾经说过这样一句话：把帽子扔过

栅栏。这是他父亲告诉他的，然后他再把这句话告诉了全世界的读者。

面对一些比较困难或者不愿做的事时，人们总是采取逃避的态度把它往后搁。

当奥利森碰到这样的朋友时，总是对他们说："把帽子扔过栅栏。"

"什么意思？"他们不明白。

这是奥利森小时候父亲常常教导他的。"当你面对一道难于翻越的栅栏并准备退缩时，先把帽子扔到栅栏那边够不到的地方。这样你就不得不强迫自己想尽一切办法越过这道栅栏。"

奥利森的父亲就是用这样的方法来到城市的。他出生在离城市有 60 英里的一个小镇，20 岁时，便离开了家庭和亲友来到城市寻找新的生活。除了载他前来的一艘小船外，他一无所有。工作很难找，奥利森的父亲跑了几天，可一无所获。他有点失望了，几乎想放弃在城市里生活的梦想，想驾驶着小船回家。可是他"把帽子扔过了栅栏"——卖掉了仅有的小船，因为要在城市里生活下去，没有钱是不行的。没有了船，也就没有了退路，奥利森的父亲只有向前。

不久，奥利森的父亲在一个大公司里找到了一份工作，并在一个偶然的机会下认识了奥利森的母亲；后来终于发迹，成了富裕的中产阶级的一分子。于是奥利森的父亲就以他自身的经历教导他："只有不顾一切的投入才能成功。"奥利森也是遵循着这样的信念，成了美国成功学的奠基人和最伟大的励志学家。

很多人在一开始遭到挫折的时候就放弃了，一旦放弃，也就永远远离了成功。但是只要你拥有坚定的信念，你就不会因为挫折和困难而放弃既定的目标,不会觉得成功的希望渺茫,因为你的信念就是你的希望。别人都已放弃,自己还在坚持;别人都已退却,自己依然向前;只要拥有信念,哪怕前途依然坎坷,依然看不见光明,哪怕自己总是孤独、坚韧地奋斗着,你总会通往成功。

方法比努力更重要

二战时，巴顿第一次见到有着"沙漠之狐"之称的德国元帅隆美尔时，想找个方法杀杀对方的威风。他并没有嚷嚷诸如"隆美尔，你这个混蛋，我要杀了你，过来送死吧"这样的话，而是采用了更妙的方法，他高声喊道："隆美尔，你这个老狐狸，我读过你的书！"

"我读过你的书……"多有意思的一句话，彰显了巴顿的气度，也表现出了他的霸气。巴顿的言外之意就是：我看过你的书，即使你是我的敌人，我也尊重和欣赏你。我看过你的书，因此我了解你，即使你是只老狐狸，也别想从我手中讨到什么好处。简简单单一句话，名将风采让人不得不折服。

找到好方法无疑相当于找到了一个十分有效的助手，对于提供员工执行力大有裨益。很多时候，方法比付出更多的努力更有效。打个比方来说，很多人都喝过玻璃瓶的啤酒或是汽水吧。平时我们都是拿什么开瓶盖的？是起子。当我们没有起子的时候，花费很大的力气，用钥匙撬、用牙咬、用桌脚磕，费了好大的力气，却依然很难打开瓶盖。起子只是一个小小的工具，却是我们开瓶盖的最好帮手，它是一种方法，能帮助你轻而易举打开瓶盖，但如果方法不对，你花费了很多努力，可能结果也并不理想。

曾经有一段时间，美国各大新闻媒体竞相报道了这样一件事：一位名不见经传的学生，利用他的智慧和执著精神，创造性地解决了旧金山市政当局悬赏1000万元美金久而未决的旧金山大桥堵车问题。

旧金山大桥堵车的情况十分严重,但是却迟迟没有得到解决。许多人不断抱怨。

据报道,该青年的成功主要得益于掌握科学的研究方法和解决实际问题的能力。经过细心的观察和缜密的调查,他发现了久而未决的旧金山大桥堵车现象不但具有上下班高峰时段的时间性,而且还具有上班时段进城方向发生堵车和下班时段出城方向发生堵车的方向性特征,从而追根寻源找到了同时发生时间性和方向性特征堵车问题的根本原因是"市郊居民上下班的车流太大"。最后他创造性地采用可改变"车道中间隔栏"的方法,巧妙地改变上班时段"车道中间隔栏",使进城方向四个车道变为六个车道,出城方向四个车道变为两个车道,下班则反其道而行之,使问题轻而易举地以最小的代价圆满地解决了。

这位学生解决交通问题的方法无疑是有效且代价相当小的。这就是方法的作用。当我们面对类似的问题,或许我们想的最多的就是一定要解决堵车问题,我们可以不惜代价再造一座大桥。这不失为一个方法,但是却并非最好的方法。要找到最佳方法,第一步就是需要正确地发现问题。

主动发现问题

经过海湾战争,美军方认为在战争状态下士兵的"生存能力"比"作战能力"更为重要。因此,一种被称之为"埃布拉姆"式的M1A2型坦克开始陆续装备美陆军,这种新型坦克的防护装甲是当今世界上最坚固的,可以承受时速超过4 500公里、单位破坏力超过135万千克的打击力量。这样品质优秀的防护装甲是如何研制出来的呢?

这种坦克防护装甲的研制者之一是乔治·巴顿中校,他是美国陆军最优秀的坦克防护装甲的专家之一。在他接受研制 M1A2 型坦克装甲的任务之后,就立即找来了一位"冤家"做搭档——毕业于麻省理工学院的著名破坏力专家麦克马次工程师。两人各带领一个研究小组开始工作,不同的是,巴顿带的是研制小组,负责研制防护装甲;麦克马次带领的则是破坏小组,专门负责摧毁巴顿已经研制出来的防护装甲。

就在这一次次的这种近乎疯狂的"破坏"与"反破坏"试验中世界上最坚固的坦克诞生了,巴顿与马次这两个技术上的"冤家"也因此而同时获得了紫心勋章。

巴顿中校领奖时说道:"在进行研发时,出现问题并不可怕,最可怕的是不知道问题出在哪里。于是,我们英明地决定请马次做我们的'欢喜冤家',通过他的智慧尽可能地,帮助我们找到问题,从而更好地解决问题,这方面他真的很棒,帮了我们大忙。"

自古以来,认识就是在肯定正确的东西,否定错误的东西的矛盾运动中波浪式地发展过来的。只有有人发现、提出了问题,才会有解决的方法,才能有回答和答案。一旦缺少了对问题的发现,仅仅是靠它自己逐渐显现,那无疑是不够的,可能使情况变得更糟糕。

当然,发现问题并不等于解决了问题,我们也并不期许所有的问题被发现和提出时,就是完善的、完美的。问题的解决有待社会的发展,个人能力的提高。但是不可否认,有了发现才能有所认识,提出问题才可能解决问题,发现问题是解决问题的第一步,也是重要的一步。

成功永远属于那些能够及时发现问题的人,我们必须首先改变那种逃避问题或是等问题暴露了,迫切需要解决了才去想办法的观念,在过程中主动寻找问题，将其消灭在萌芽状态。

美国总统罗斯福再次参加竞选时，竞选办公室为他制作了一本宣传册，发放给记者和选民，为竞选造势。在这本册子里有罗斯福总统的相片和一些竞选信息。

接着成千上万本宣传册被印刷出来。

但就在这些宣传册印刷完毕，即将分发的时候，竞选办公室的一名工作人员，在做最后的核对时，突然发现了一个问题：宣传册中有一张照片的版权不属于他们，而为某家照相馆所有，他们无权使用。

竞选办公室陷入了恐慌，手册分发在即，已经没有时间再重新进行印刷了，该怎么办？如果就这样分发出去，无视这个问题，那家照相馆很可能会因此索要一笔数额巨大的版权费，也会对罗斯福的总统竞选造成负面影响。

有人立刻提出，派一个代表去和照相馆谈判，尽快争取到一个较低的价格购买到这张照片的版权。这是大多数人遇到相同问题时最可能会采取的处理方式。但竞选办公室选择的却是另一种方式。

他们通知了这家照相馆：竞选办公室将在他们制作宣传册中放上一幅罗斯福总统的照片，贵照相馆的一张照片也在备选的照片之列。由于有好几家照相馆都在候选名单中，竞选办公室决定将这次宣传机会进行拍卖，出价最高的照相馆将会得到这次机会。

结果，竞选办公室在两天内就接到了该照相馆的投标书和支票。在最后，竞选办公室不但摆脱了可能侵权的不利地位，甚至还因此获得了一笔收入。

在这里我们可以发现，竞选办公室所采取的方式十分特别，另辟蹊径，将主动权握在自己手中，让照相馆反过来有求于己，这样的解决方法,比同照相馆就照片使用权问题进行谈判所获得的结果以及中间的过程要好很多。但是,在此我们同样应该关注到那位发现问题的人。试想,如果没有及时发现照片的版权问题,而是等到已经分发出去才发现或是由照相馆提出索赔才发现,这样的情况都会糟糕很多。没有时间找到更好的方法解决问题,疲于应付各种麻烦,为罗斯福带来负面影响……各种危机都会涌现。

正是因为及时发现了问题,才为问题得以解决提供了机会和时间。就拿工作中的产品研发来说,在产品开发的不同阶段,越晚发现问题,就需要花费越高的成本,同时也延长了开发周期,所以尽早发现问题很重要。

创造奇迹的关键,在于具备一双发现的眼睛。生活需要发现的眼睛,问题需要发现的眼睛。伟大的发明和创造都是从不经意的发现开始,难题的解决也基于它本身的发现,或许只是一个简单的想法,一个美丽的假设。但是因为问题的发现,它才得到关注和认识,才有了解决的可能。

人人都有一双能够发现问题的眼睛,区别在于你是否有心去发现,是否有"问题意识"。试着睁开你发现的眼睛,带着探索和观察的目光去发现周围的问题,或许它就是你成功的起点。

解决问题是个人能力的综合,而发现问题更是个人水平的体现。无法创造性地使用知识,无法发现问题,那是毫无用处的。

很多人并不愿意主动去发现问题,当问题尚未显现的时候,想当然地认为"没有问题"。但这真的就代表没有问题了吗?其实不然,在许多情况下,"没问题"并不代表问题真的就不存在,没有问题恰恰才是最大的问题。它代表了问题的潜在可能性,代表了一旦问题爆发,需要解决的迫切性,也代表了我们所遇到的困难将越大。

唯一让我们不陷入问题所带来的困境中的方法,就是主动寻找问题。成功需要人们寻找解决问题的方法，但成功更需要我们有超越他人的发现问题的能力。

"不可能"绝非永远

卡塔尔当地时间 2006 年 5 月 12 日晚（北京时间 13 日凌晨），世锦赛和奥运会双料冠军美国名将贾斯廷·加特林在国际田联超级大奖赛中再创佳绩，以 9 秒 76 打破了此前由牙买加名将阿萨法·鲍威尔在 2005 年 6 月雅典国际田联超级大奖赛中创造的 9 秒 77 的男子百米世界纪录，将人类的百米纪录又向前迈进了一步。

这是人们不断挑战自我的纪录。在奥运史上，诞生的第一个男子百米纪录是 12 秒。1912 年，美国的里宾克特以 10 秒 6 首次将人类的百米纪录带进"10 秒俱乐部"，也是从那时起，关于人类究竟能跑多快的争论开始了。当时有人就认为，里宾克特的世界纪录预示着人类提前接近自己的极限速度，突破 10 秒大关是不可能的，但是最终人们却做到了。从 10 秒 6 到 9 秒 76，这不是一秒的一小步，人类用了 94 年的时间，不断突破自我，即使是 0.01 秒的进步，也是一个飞跃。并且在以后很长的时间里，人类还将以每一个 0.01 秒的前进去不断地挑战自己，挑战百米极限。

没有什么是永远不可能的。许多时候，在没有根据的情况下，面对问题我们就说"不可能"，是因为问题存在着巨大的困难，我们限制住了自己，我们不再努力，最终放弃。

布勃卡是举世闻名的奥运会撑竿跳冠军，享有"撑竿跳沙皇"的美誉。他曾 35 次创造撑竿跳世界纪录，所保持的两项世界纪录，迄今无人打破。

在参加"国家勋章"的授勋典礼上,记者们纷纷提问:"你成功的秘诀是什么?"

布勃卡微笑着说:"很简单,每次撑竿跳之前,我先让自己的心跳过横竿去。"

作为一名撑竿跳选手,有一段日子,尽管布勃卡不断尝试新的高度,但每次都以失败告终。他苦恼过、沮丧过,甚至怀疑过自己的潜力。

有一天,他来到训练场,禁不住摇头对教练说:"我实在跳不过去。"

教练平静地问:"你是怎么想的?"

布勃卡如实回答:"只要踏上起跳线,一看清那根高悬的横竿,心里就害怕。"

教练看着他,突然厉声喝道:"布勃卡,你现在要做的就是闭上眼睛,跳过横竿。"

教练的训斥,让布勃卡如梦初醒。遵从教练的吩咐,他重新撑竿。这一次,他顺利地跃身而过。

教练欣慰地笑了,语重心长地说:"记住,先让你的心从标竿上跳过去,你的身体就一定会跟着过去。"

人最大的敌人就是自己,人总是在不断超越自我的过程中成长和发展,唯有突破心灵障碍,才能超越自己。一旦你自己捆绑住了自己,认为这根本没有可能,那问题永远得不到解决,你所想的就真的永远是不可能的了。

当我们面对困难问题的时候,试着"打开"你自己,打破自我限制和脑海中对于一些事物的看法,往往能发现更多东西,甚至将"不可能"变成"可能"。

　　著名的钢铁大王卡耐基经常提醒自己的一句箴言是：我想赢，我一定能赢。结果，他真的赢了。在这里，很重要的一点就是他排除了自己"不可能赢"的想法，并且愿意付出努力，将所谓的"不可能"变成"可能"！

　　发生在拿破仑身上的一个小故事也能够向我们表明，这世上没有不可能的事情。

　　"有可能通过那条路吗？"拿破仑向工程人员问道，他们是被派遣去探索圣伯纳德的那条可怕的小路的。"也许，"工程人员有些犹豫地回答，"还是有可能的。"

　　"那就前进。"下士说道，根本没有注意那些似乎难以逾越的困难。英国人和奥地利人对于翻越阿尔卑斯山的想法表现出嘲笑和不屑一提，那里"从没有车辆行驶，也根本不可能有，"更何况是一支6万人的部队，他们带着笨重的大炮、数十吨的炮弹和辎重，还有大量的军需品。但是饥寒交迫的麦瑟那正在热那亚处于包围之中，胜利的奥地利人聚集在尼斯城前，而拿破仑决不是那种在危难中将以前的伙伴弃之不顾的人，他除了前进别无他念。

　　在这个"不可能"的任务被完成后，有些人认为这早就能够做到，而其他人之所以没有做到，是因为他们拒绝面对这样的困难，固执地认为这些困难不可克服。许多指挥官都拥有必要的补给、工具和强壮的士兵，但他们却缺少拿破仑那样的勇气和决心。拿破仑从不在困难面前退缩。而是不断进取，创造并抓住了胜利的机会。

　　没有什么是绝对的，也没有什么是不可能的。成败的差距不仅在于客观事实，也同样在于毅力和方法。或许今日在你眼中，这件事是绝对不可能的，但或许不久它就能被实现。就如同曾经我们总是做着在天空飞翔的梦,但人类就是发明了飞机,实现了这一"不可能"的梦想。

为什么别人都认为不可能的事情,最终都成为了现实呢?关键的一点,就是抛弃了"不可能"的念头,只想着如何解决问题,想着如何全力以赴,穷尽所有的努力。

如果你真的希望能解决问题,真的渴望寻找到好的方法,首先就请驱除你心灵上的限制,不要再用"不可能"来逃避问题。因为正如拿破仑说的:"不可能"是傻瓜才用的词!

1944年夏季,罗斯福和丘吉尔反复研究协商,最终决定在法国的诺曼底登陆,开辟反法西斯的第二战场。

于此同时,美英两国军队的登陆演练也进入了最后关头,陆海空部队都在紧锣密鼓地进行针对性训练。

毕业于西点军校的麦克斯维尔·泰勒指挥的美国第101空降师是一支久经沙场的王牌劲旅,自然要在诺曼底登陆战役中担负打头阵的重任。

眼看着诺曼底战斗打响没有几天了,五角大楼突然收到第101空降师市长麦克斯维尔·泰勒从英国发来的急电,请求国防部为他们解决在演习中碰到的实际问题。

原来根据未来战斗的需要,第101空降师进行了多次夜间空降训练。可是,空降兵们在伸手不见五指的黑夜里降落到"敌人"的后方以后,既不能打手电,也不能发出声响,结果相互之间不能很快地取得联系,这样就无法迅速收拢,战斗力因而大受影响。

这虽然是一个小细节,可是一旦处理不好,可能会给整个的战役带来严重的后果。

美军最高统帅对前线官兵反映的问题自然不敢掉以轻心,他们深知战斗一旦打响,只要其中有一个环节出现了差错,几年的苦心经营就会付诸东流,几十万将士的献血就要白流。

为此,他们多次召开专门会议,提出各种方案,却总是拿不出一个行之有效的方法。

难道一场兴师动众、万事俱备的大战役,就因为这样一个小小的问题而被迫搁浅吗?

一天,又是一次专门会议没有结果,不了了之。散会以后,一位参加会议的国防部官员去幼儿园接孩子。只见孩子们正在做游戏,他们每个人手里拿着一个能够发出声响的玩具蟋蟀,用手轻轻一捏,便发出蟋蟀一样的叫声。这位官员顿时受到启发,高兴得差点忘了接孩子。

不久,正在英国整装待发的第101空降师收到了从美国寄来的标有"重要物品"字样的物品。

官兵们起先猜不透这里面装的是什么玩意,但是都以为是和即将到来的战斗有关的军需品。

等到拆开包裹一看,众人不禁都傻了眼。面对这许多逼真的玩具蟋蟀,有的人甚至怀疑是不是美国邮局发错了地址。

泰勒师长拿起一个玩具蟋蟀,无意中捏了一下,它立刻发出真蟋蟀一样的叫声。

大家一下子明白过来,每个人都抓起好几个玩具蟋蟀,兴高采烈地捏起来。一时间,小小的师部里此起彼伏地尽是"蟋蟀"的叫声。

在泰勒师长的指挥下,第101空降师如离弦之箭,直抵敌人后方。在夜幕的掩护下,他们按照预定计划降落在一个长43公里、宽24公里的长方形地域。

这时,只见空降官兵们从怀里掏出玩具蟋蟀,你捏一下,我捏一下,他捏一下,不一会儿工夫,部队便成功地收拢起来,准时准点地投入战斗中。

战斗胜利结束后,第101空降师的官兵都把玩具蟋蟀当作珍贵的纪念品保留起来。每当他们看到这个小小的东西,便会想起那场载入史册的战役,回想起那遥远的诺曼底。

"没有什么不可能"是美国西点军校传授给每一个学员的理念。它强化的是每一位学员积极动脑,想尽一切办法,付出艰辛的努力去完成任何一项任务。

不畏惧问题才能解决问题

畏惧问题是人们一种正常的情绪,因为对未知的不确定、臆想、猜测等,人们自己造就了这种情绪。

在面对困难问题的时候,许多人出于各种原因,对于失败的无法忍受,对于可能遇到挫折的逃避等,对问题本身产生了一种畏惧。因为畏惧,所以开始寻找畏惧的理由,不断说服自己问题是多么巨大,情况是多么艰难,所以不可能找到解决问题的良方,这样我们的畏惧就变成是正常而合理的。

但是,对于畏惧,如果你能控制它们、驱除它们,它们就会自动离开你的内心;反之,你越觉得它们真实,越是对其心存畏惧,它们越是会肆无忌惮地吞噬你。面对问题也是如此,如果你越是畏惧问题,那你就将被问题击倒;相反,如果迎向这些困难,你就有可能克服它。

20世纪50年代初,美国某军事科研部门着手研制一种高频放大管。科技人员都被高频率放大能不能使用玻璃管的问题难住了,研制工作因而迟迟没有进展。后来,由发明家贝利负责的研制小组承担了这一任务。上级主管部门在给贝利小组布置这一任务时,鉴于以往的研制情况,同时还下达了一个指示:不许查阅有关书籍。

经过贝利小组的共同努力,终于制成了一种高达 1 000 个计算单位的高频放大管。在完成了任务以后,研制小组的科技人员都想弄明白,为什么上级要下达不准查书的指示?

于是他们查阅了有关书籍,结果让他们大吃一惊,原来书上明明白白地写着:如果采用玻璃管,高频放大的极限频率是 25 个计算单位。"25"与"1 000",这个差距有多大!

后来,贝利对此发表感想说:"如果我们当时查了书,一定会对研制这样的高频放大管产生怀疑,就会没有信心去研制了。"

麦克阿瑟在西点军校的演讲中曾经这样说过:"不勇敢地打败怯懦,就得一辈子躲着它。"曾任西点军校校长的克里斯曼也曾经说过:"如果你常常说'做不到',那你将常常与失败为伍。"

这就好比游泳。如果我们克服不了对水的恐惧,那么我们只能一辈子做个旱鸭子;如果克服了怯懦,那么就会发现原来水的浮力如此强大。

巴顿将军从小就将杰克逊的一句名言视为自己的格言,那就是"不让怯懦左右自己"。他认为作为一名军人,勇敢无畏是基本要素。当练习马术时,他总是选择最难以逾越的障碍物和最高的跨栏。在平时的狙击训练中,他总是踩着安全线进行练习,他的格言是:"我要看看自己在面对困难时有多害怕,才能够锻炼自己打败怯懦。"

1909 年,巴顿从西点军校毕业后被任命为骑兵连少尉,保卫芝加哥以北 27 英里的谢里登堡。初出茅庐之际,他就因为在那里驯服了一匹疯马而闻名,当时马匹踢中了他的脸颊,鲜血直流,但是他依然冷静处理并降服了这匹马。面对困难,巴顿思考的是自己如何克服和战胜困难，而不是逃避。

很多时候我们能否跨越障碍不是取决于我们的能力，而是取决于我们的心态。

就比如说，曾经有知名的举重运动员说过："我之前一直无法举起500磅的重量，总是停留在498磅，因为当我知道这是500磅时，就产生没能战胜自己的怯懦。然而有一天，教练对我说，举起495磅就可以休息了。于是我成功地举起了这个重量，然后教练才告诉我，那其实是506磅的重量。我就这样做到了，自此以后，500磅对我来讲不再是一道坎。"

西点的毕业生中，很多取得了傲人的成就，但是当你问起他们成功的秘密的时候，没有人归因于自身的聪敏，而更多是因为军校给予的品格上的锻炼，帮助他们战胜怯懦，才铸就了今日的辉煌。

西点的训练严格、西点的教官冷峻、西点军校不收留意志薄弱者。在困难面前多少眼泪都于事无补，反而会受到军官和同学们的轻视。

对于想在西点立足的学员来说，教官或高年级学员的任务一下达，只有一个选择，就是完成。你需要把痛苦、劳累、磨难都装在心里，把眼泪、委屈、愤怒装在心里，更要把害羞、胆怯、懦弱装在心里，然后化做力量，冲击任务，达到标准。只要冲过去，大家就会笑脸相迎，接纳你成为一名正式的学员团成员。冲不过去，不管有多少理由，流多少眼泪，西点都只能与你"拜拜"。

西点军校1833届的毕业生，美国军火大亨杜邦公司的创始人亨利·杜邦曾经说过："困难是什么？困难是让弱者逃跑的噩梦，但却是让勇者前进的号角！"

美国心理学家曾经选取150名西点军校的优秀毕业生进行分析研究，发现他们身上具备三种优秀的品格：一是性格坚韧；二是为目标执著奋斗的精神;三是自信。这些优秀的品格全部彰显了优秀毕业生克服困难的勇气、自信和决心。

著名的格兰特将军坚定坚强,无所畏惧的品质是众所周知的,同时这些品质也给所有和他接触过的人留下深刻的印象。艺术家弗兰克·卡本特在白宫创作《〈独立宣言〉的签署》时,曾经经历了一段非常焦躁不安的时期,他问一名文职官员:"与其他将军相比,格兰特留给你印象最深的是什么?"

那位官员回答说:"他最突出的特征就是对目标勇往直前的冷静坚持。他从不纵容自己的恐惧感,一旦他盯住了某样东西,那么没有任何事物能动摇他的意志力。"

在更多面对困难和挑战的时候,我们不是输给了困难本身,而是输给了自身对困难的畏惧。不要被困难吓倒,用平常心来对待,往往能把问题解决得更好。

生活的经验也告诉我们,当你对某种东西心存恐惧时,这种恐惧往往会主动找上你,并对你加以危害;而当你睁大眼睛正视恐惧,并且认为最终能够克服这种恐惧时,那你就等于遇上了一位强大的援手。

一条山涧的西岸是悬崖峭壁,涧内水流湍急,打在岩石上冲起白花花的泡沫,发出震耳欲聋的吼声。

四个旅客——一个盲人、一个聋子,两个正常人来到了这里,他们想要到对岸去。悬崖之间只有一条铁索桥,四人别无他法,只能一个接一个抓住铁链,慢慢攀附过去。

盲人安全地过去了,聋子安全地过去了,还有一个正常人也安全地过去了,可另一个正常人却因在铁索中间腿发软,不敢前进,最终掉进了河里。难道正常人还不如盲人、聋子?

事后盲人说："我看不见任何东西，不知道山涧的水什么样子，只是紧紧抓住铁链，像平常一样地走了过来。"

聋子说："我听不见水流的咆哮声，恐惧减少很多，只注意不向下看，便安全地走了过来。"

而那个过了河的正常人则说："我过我的桥，悬崖峭壁、水流湍急与我有什么关系？只注意踩稳抓牢就是了。"

可见，那个失足掉河的正常人恰恰是因为他的耳聪眼明。

真正的难题有时并不是问题本身，而是我们对难题的畏惧。

面对问题，我们不应当畏缩，不应当逃避，而应该正视问题，将相关问题的研究清楚，将问题的本质找出来，开动自己的脑筋，寻找更多的解决之道。

看待问题时，我们不能将其放大，相反除了要正视问题，更要"藐视"问题。

难题的出现经常出人意料，但只有不被它吓倒，才有解决难题的可能。那些一开始就被难题吓倒的人，永远不会找到出路。

富兰克林·罗斯福在他的首任总统就职演说中也曾经说："让我首先表明我的坚定信念：我们唯一不得不害怕的东西就是害怕本身——一种莫明的、丧失理智的、毫无根据的恐惧，它会把转退为进所需要的种种努力化为泡影。"

并不只有一条路通向成功

在现实中，有许多问题、情况是我们过去遇到过或是别人遇到过的，所以我们习惯按照既定的方法或常规的思路去解决。经验的确能帮助我们省去许多麻烦，但是同样也会让我们走入一种思维定势，让我们忘记，其实有许多方法都能解决问题，甚至有的方法更快更好，只是因为我们不熟悉，没有采用过，只是因为我们习惯于用某种思路或是方法解决困难，所以我们固执地认为除了这种方法，我们根本无路可走。

但事实真是如此吗？许多情况下，解决问题的方法并非只有一种，就如同通往目的地的道路不仅仅只有一条一样。我们没有找到另一条路，是因为我们尚未发现它，而并非它不存在。

真正能解决问题的方法并不一定是唯一的，当我们沮丧于又一次走入死胡同的时候，不妨改变一下观念，从高处纵观整个问题的概貌，或许能找到一条捷径，找到另一种更合适有效的方法。

当我们无法运用常规的办法或思路来解决问题时，是否想过，其实还有另外一条道路也可以通向答案呢？

一位物理学家、一位工程学家和一位画家三个人在比谁的智力高。他们互不服气，最后决定通过一场比赛来评判三人的智力水平。

他们来到一座宝塔下，每人手里都拿着一只气压表。主考人给出的测试题目是：依靠气压表，得到这座宝塔的高度。原则是：只要达到目的，什么方法都可以，但创造性最强的为胜。

比试的这三人，职业不同，知识结构也不同，各自用的方法自然也各不相同。

工程学家尤其高兴，这在他不过是小菜一碟。他很快站出来，在塔底测量了大气气压，登上塔顶又测量了一次气压，得到塔底和塔顶气压的差值，再根据每升高12米气压下降1毫米汞柱的公式，计算出塔的高度。他自己觉得，这是一份最准确的答卷。

物理学家不慌不忙地登上塔顶，探出身来，看着手表的秒针，轻轻松手让气压表自由落下，准确记录了气压表落到地面所需的时间，再根据自由落体公式，算出塔的高度。他很得意，这个方法很不错，所得结论与塔的实际高度不会相差太远。

最后轮到画家，这可为难他了。他既没有物理学家的学识，又没有工程学家的经验，科学办法他拿不出来，眼前几乎是一个"绝境"。不过，他很镇定。没有科学条件是劣势，但没有思维定势则是优势，这就为他提供了更大的选择空间。画家想，没有正路就走走偏路，反正能达到目的就是胜利。他发挥想象力，对各种可能的方法搜寻了一番，禁不住笑了起来，因为办法太简单了：他将气压表送给看守宝塔的人——作为交换条件，让守塔人到储藏间把塔的设计图纸找出来。就这样，画家得到了图纸，拂去设计图上的灰尘，很快得到了塔的精确高度。

这场比赛的结果可想而知，自然是画家获得了最后的胜利。尽管工程学家和物理学家都运用自身的知识，通过不同的科学手段来获得相对准确的塔高。但他们的方法并非最具有创造性，得到的答案也并非最准确的。

也许有人要说，那位画家是个无赖，没有本事测量计算，只是用交易的方式获得了塔的图纸。但这也是一条解决塔的高度问题的方法，不是吗？画家在看似无计可施的情况下，撇开原先的想法，将目光投向图纸，这是一种发现，一种创新思维，他找到了塔的高度的精确答案。

没有什么问题的解题方式一定是唯一的。如果不能在一条路上走到底，那么适时地转换思路和方法，往往能给人带来意想不到的效果。这就是为什么我们说，方法往往比努力更重要。

从失败中学习

西点教育学生要把握生命的每分每秒，把学习当成终生的事业来做。学生在学校里获取教育只是一个开端，最大的价值在于能够通过这些训练使思维适应以后的学习，并且在今后的实际生活和工作中进行合理的应用。

西点军校的约翰·科特上尉说："勇敢地面对挑战，同时大胆采取行动，然后坦然地面对自己。检讨这项行动或成功或失败的原因，你会从中得到经验教训，然后继续向前迈进，这种终生学习的持续过程会成为你在这个瞬息万变的环境中的立足之本。"

失败是成功之母，错误也是一种体验。唯有尝过失败的滋味，才会懂得收获的甜味。世间任何事物都不可能一帆风顺。在开始做事之前，在寻找方法之前，我们就应当做好失败的准备。

英国小说家、剧作家柯鲁德·史密斯也曾经说过这样的话："对于我们来说，最大的荣幸就是每个人都失败过。而且每当我们跌倒时都能爬起来。"

成功也不是一个海港，而是一次埋伏着许多危险的旅程，人生的赌注就是在这次旅程中要做个赢家，成功永远属于不怕失败的人，能够解决问题的也永远是那些能坦然面对错误和失败，并不断总结教训不断学习的人。

错误和失败是成功的垫脚石

在我们眼中叱咤风云的将军们，同样伴随着错误和失败成长。麦克阿瑟一生中说过的最具号召力的一句话就是："我出来了，但是我将回去。"

1941年12月，太平洋战争爆发了，当时麦克阿瑟在菲律宾担任美军总司令，率领美军顽强抗击日本军队。然而战线的绵长让他没能抵挡住日军的攻击，当时的罗斯福总统要求他撤离菲律宾。麦克阿瑟一度无法面对这样的挫折，他找出了父亲留给他的一把柯尔特45式手枪，决定在关键时刻自杀与菲律宾共存亡。到了1942年2月，罗斯福和马歇尔不停歇地给麦克阿瑟发电报要求他撤离，并答应他撤退到澳大利亚之后，让他重新组建军队担任总指挥进行反攻。

1942年3月，麦克阿瑟在军部的一再催促下，无奈撤离了菲律宾，同年4月，在菲律宾巴丹半岛作战的七万余名美军官兵向日军投降，5月在菲律宾格里希绿岛作战的一万余名美军投降，日军占领了菲律宾全境。

菲律宾战役是麦克阿瑟从军之后经历的首次惨败，他在回忆录中曾经这样说道："我从没想到，美军历史上最庞大的一次缴械投降就发生在我的手中。"

但是麦克阿瑟最终没有选择自杀，更没有选择退缩畏惧，而是面对他人生中最大的困难和挫折吹响了前进的号角，当他撤退到澳大利亚时，对媒体宣布："我出来了，但是我将回去！"

1944年10月，麦克阿瑟兑现了自己的承诺，他率领28万大军登陆菲律宾，正式宣布："菲律宾人民，我——美国陆军五星上将道格拉斯·麦克阿瑟回来了!"

麦克阿瑟面对挫折曾经彷徨但最终吹响了自己冲锋的号角。如同西点著名校友,美国前国务卿黑格说过的那样:"重要的不是到底面临怎样的困难,而是你如何对待它们。"勇敢面对困难,大胆采取行动,然后客观地检讨自己行动背后成功或失败的原因,汲取经验然后继续前进,才是勇者的道路。

带着万丈雄心走进西点大门的学员,很快就知道什么是克服困难的坚韧了。坚韧就是必须达到训练要求,没有任何通融,否则很快被无情淘汰。因为军事活动是真刀真枪的活动,以命相搏的时候,谁降低标准谁就失败,甚至死亡。同时,军事活动是充满困难的领域,不确定因素很多,比如,地形复杂、气候恶劣、对手强大、部队不精、装备较差等,它们时刻围绕着指挥官,没有坚强的意志力就顶不住,就可能垮下来。

人的一生不可能一帆风顺、事事令人满意,我们不得不面对各种问题,而在解决的问题过程中,我们会犯错,我们会失败,也总是因为错误和失败使我们放弃主动应对,采用消极回避的态度。但这并非是正确的态度。

每当我们开始做一件事时,难免要失败。如果害怕失败,那你将一事无成。就如同孩子不摔几跤是学不会走和跑一样,所有人都是这样长大的,都是在不断的跌倒中爬起来继续前进。

因为有了错误,所以我们得到经验和教训;因为有了失败,所以我们获得成长和发展。

美国著名小说家南根里,在杂志编辑和出版商们的心目中,有着举足轻重的地位。为了得到南根里写的连载小说;他们往往要一下子付给南根里 7.5 万美元作为稿酬。有时，甚至在南根里还没动笔开始写作以前，这一大笔酬金就已经预付给他了。可是，又有谁知道，在未成名之前，南根里曾经为了圆写作梦付出了多少艰辛和汗水，他过的又是怎样穷困潦倒的日子。

南根里的父亲一直期望儿子能做个出色的牙医，因为牙医的收入相当丰厚。而南根里自己却一直想当一名大作家。刚开始，他遵从父命，乖乖地进了牙科医学院。毕业以后，他在纽约设立了一间诊所，每天替周围的人治疗牙疾。

尽管他听从了父亲的话，但他却仍然无法放弃他的作家梦。有时候，他手里一边做着牙具，大脑里却像电影一般演着自己构思的小说。

终于，他决心改行。南根里开始了艰苦的旅程。他用做牙医赚来的钱买了许多作品，并为自己列了一个非常详细的学习计划。每天从早到晚，他都钻在书和稿纸堆里。为了省钱，他还特意搬到乡下居住，因为那里生活水准低，花费要少一些。

尽管南根里很刻苦，写作态度相当严谨，但他仍然免不了要经历那坎坷的奋斗过程。

为了写好一部小说，他经常要花几个月的时间，而且写了又改，改了又写。当写不下去时，他从不勉强自己，而是放下笔，拿出世界名著，来到乡村空旷的田野里，坐在那儿静静地读，细细地想。一旦灵感出现，他会抱起书，以百米冲刺的速度跑回家，趴在桌子上写起来。

然而全纽约没有一个出版商肯出版他的作品。

尽管如此，南根里没有气馁，他更加刻苦地学习名家的作品，把每一点想法和火花都记录下来。到了晚上，夜深人静，南根里便坐在台灯下写起小说来。就这样，他又写了 5 年，然而，在这 5 年里，他却没有赚到一分钱。也就是说，5 年来的辛勤劳动没有得到任何一个出版商的承认；那厚厚的一摞摞稿纸，也不曾有一个字变成铅字。这使南根里非常失意、灰心。

后来，一位名叫拔夫罗·琼斯的上校使他重新燃起了希望。琼斯上校要到西方去旅行，他希望有位作家能与他同行，为他记下沿途的见闻和经历。南根里成为这样一名幸运的伴随者。

在西方，南根里不仅增长了见识，而且与许多牧童成了好朋友。当他返回故里以后，要做的第一件事就是把自己的所思所想以及各种经历写下来。很快地，一部名为《乱世英雄》的作品写出来了。南根里对自己的作品充满了信心，把稿子寄给了一家有名的出版公司——Holybird 出版公司，然后在家里满怀希望等待结果。然而出版商却把他的所有希望都打碎了。那位出版商的话始终令南根里无法忘记，他说："非常抱歉，我们虽然已经仔细地读了你写的东西，可是，我们觉得没有一点儿地方可以使我们相信，你有任何写作经验。恕我直言，它甚至不能被称为作品。"

这一致命的打击使南根里伤透了心，他一度颓废得不再去考虑写作的事情。

幸运的是，南根里有一个贤惠聪颖的妻子，当他萎靡不振的时候，他的妻子鼓励他不妨再写一部小说试一试。在妻子的竭力劝说下，南根里又开始了新的起点。当他再度开始写小说时，正是隆冬，屋子里只有一个小火炉，他的手指被冻得发麻。只好写一会儿，就把炉门打开，伸手进去取暖。

整整一个冬天和第二年的夏天，南根里都在苦苦地干着。当这部作品完成以后，他再次鼓足勇气，把自己辛苦爬格子的作品送到Holybird 出版公司。结果，遇到的仍是一张冷漠的脸。于是，他又拿到其他的出版公司去，希望能遇到一个真正欣赏自己的伯乐。他连跑了六家出版公司，却六次都失望了。最后，他不得不又回到 Holybird那里去，哀求一位编辑把稿子带回家去读一遍。

被他的诚意所感动，编辑终于同意把书稿带回家去读。两天以后，编辑满面笑容地对他说："你写的书内容很好，我们准备出版它。"

从此，南根里告别了潦倒的生活，成为一名杰出的小说家。

许多人被一次失败就打倒了，所以在成功面前就停住了自己前进的脚步。但如果在连续多次跌倒之后，一个人还能重新爬起来继续前行，还能充满斗志不言放弃，那他一定能成为一位杰出的人物。

长达5年的奋斗，经历了一次次的打击，如果在过程中放弃，那便没有之后的故事了。

面对已然犯下的错误，我们要宽容但严谨地对待，原谅这个错误，但引以为戒，避免再犯同样的错误。我们过去所犯的错误，是我们宝贵的财富，是以后发展的宝贵资产，要敢于承认错误，敢于分析错误，任何隐瞒错误和推卸责任的行为都是愚蠢的行为，是导致我们失败的行为。

同样的，失败也不可怕，可怕的是被失败击倒，从此一蹶不振。人无完人，有成功就会有失败，任何人都不会永远一帆风顺。失败好比一块试金石，通过一个人对待失败的态度和失败以后的行动，就能测试出他在成功的路上走多远。最终获得成就的人，与碌碌大众之间的区别就在于对待失败、对待问题的态度，是逃避还是面对。

一个人面对成功很容易，但面对失败时却表现得千差万别，有的人会被失败击倒，从此一蹶不振；有的人吃一堑长一智，从失败中吸取教训，从失败走向成功。

如同辉煌不可能是永远的辉煌一样，失败也不代表永远的失败，他不是对一个人的定论，也不是对一个问题的定论。如果犯了错误，如果失败了，那也是一种机会证明你的不足和欠缺，增加了一种别人所没有的经验，增长了一些别人所没有的能力；那也是一种向成功迈进的助力,因为你排除了一种不合适的方法或因素,将最佳方案的范围缩小了。

本杰明·富兰克林在他创业阶段,曾指着一小片自己晚饭吃剩下的黑面包对他的竞争对手说:"除非你能生活得比我还简朴,否则你就不可能把我挤出去。"

不要认为错误或失败是可耻的,不要认为付出所得的收获必定是及时的。失败和成功都是一种收获,没有收获(成功的结果)也是一种收获。人们从失败的教训中学到的东西,比从成功的经验中学到的还要多。他们的可贵之处就在于跌倒之后有所领悟,而不是莫名其妙地爬起来。

1963年,应该是春天,在GE公司,一名28岁的员工经历了一生当中最为恐怖的事件——爆炸。

当时,他正坐在匹兹菲尔德的办公室里,街对面正好是实验工厂。这是一次巨大的爆炸。爆炸产生的气流掀开了楼房的房顶,震碎了顶层所有的玻璃。他飞奔出办公室,向出事的办公楼跑去。

他跑到三楼,害怕极了。爆炸带来的灾难比他预想的更糟。一大块屋顶和天花板掉到了地板上,不可思议的是,没有人受重伤。

当时,人们正在进行化学实验。在一个大水槽里,他们将氧气灌入一种高挥发性的溶剂中。这时,一个无法解释的火花引发了这次爆炸。非常幸运的是安全措施起到了一定的保护作用,爆炸产生的冲击波直接冲向了天花板。

作为负责人,他显然有严重的过失。

第二天,他不得不驱车100英里去康涅狄格的桥港,向集团公司的一位执行官查理·里德解释这场事故的起因。这个人对他是很信任的,但他还是准备挨批。他已经做好了最坏的准备。

他知道这时可以解释为什么会发生这次爆炸，并提出一些解决这个问题的建议。但是由于紧张，失魂落魄，他的自信心就像那爆炸的楼房一样开始动摇。

这是他第一次走进这位领导的办公室。

查理·里德却很快就使面前的年轻人平静了下来。作为一名从麻省理工学院毕业的化学工程博士，查理·里德是一个有着很深专业素养的杰出科学家。实际上，查理·里德在1942年加入GE公司以前，还在麻省理工学院当过五年应用数学的教师。查理·里德对技术也同样有着很大的热情。这个家伙是个跟企业结婚的单身汉，是GE公司中级别最高的有着切身化学经验的执行官。查理·里德知道在高温环境下做高挥发性气体实验会发生什么。

查理·里德表现得异常通情达理。

"我所关注的是你能从这次爆炸中学到了什么东西。你是否能够修改反应器的程序？"

年轻人没有想到查理·里德会问这些。

"你们是否应该继续进行这个项目？"查理·里德的表情和口吻充满理解，看不到一丝情绪化的东西或者愤怒。

"好了，我们最好是现在就对这个问题有个彻底的了解，而不是等到以后，等我们进行大规模生产的时候。"查理·里德说道，"感谢上帝，没有任何人受伤。"

查理·里德的行为给这个年轻人留下了深刻的印象。

这个28岁的年轻人就是杰克·韦尔奇。

他在自己的自传中，当回忆起这段经历时，他说：

"当人们犯错误的时候，他们最不愿意看到的就是惩罚。这时最需要的是鼓励和信心的建立。首要的工作就是恢复自信心。"

每个人都应明白,错误并不可怕,最可怕的是不能从错误中吸取教训,重新站起来。成功的经验是一种财富,失败的教训同样是一种财富。

查理·里德知道,每个人都免不了会犯错误,当错误发生后,如何解决问题,防止错误的再度发生是最重要的。盲目地撤换负责人或当事人也是不恰当的,要知道,错误也是一种经验。用人不疑、疑人不用,杰克·韦尔奇最终的成功也正验证了查理·里德的正确眼光。

作为领导者,对于已经造成的问题,如何充分地利用它教育下属,把失误利用起来,也是一种学问。只有让下属认识到错误并不可怕,可怕的是重复错误,不吸取教训,才能充分地发挥员工的创造力和积极性。

在我们寻找方法,解决困难的路上并非顺畅。面对寻找解决方法的路上即将出现的各种错误、失败、不顺心,我们都必须坦然以对,正视它,接受它,原谅它,击败它!

问题的解决之路是一条通往成功的道路,但是成功之路从来都不平坦,而错误和失败就是成功的拌脚石。无数的人想通过它,但是无数的人在这里跌倒。只有那些不断爬起,不断总结,越挫越勇的人才能到达终点。

战胜一切逆境

西点作为培育顶级军官的学校,在吃苦耐劳和学生抗压能力培养方面都有着非常高的要求,如果详细了解了西点军校的排名制度,则不得不感叹一句:这些西点学生都可谓不受百炼,难以成钢,有着战胜一切逆境的勇气。

西点军校多年来采用学生排名体系,与其他大学不同的是,西点的排名体系是为全体学员而设，而并非只是排列最靠前的若干名学生。

西点军校的排名标准，最主要是考量学生的学习成绩、军事科目和体育体能三个方面，而考量的手段则包括考试、军事训练、体育锻炼、守纪得分、完成任务得分、违规点子扣分、个人风貌以及教官评语等方面。每一个学生都有一个属于自己的档案夹，其中收录着他所有的成绩单和个人记录。

西点军校排名频次充分考验了学生的抗压能力，以前西点军校每一个半月就要排名一次，但这造成了过大的压力，于是现在改成了半年一次。然而还是有大量的学生中途打听自己的排名，以争取能够在正式公布榜单之前扭转局势。而假设有学生排名下降得较厉害，或是有不及格的可能性，那么自然就会有教官给予他特殊关照。

西点军校的排名并不仅仅为了一个荣誉，而是涉及许多权利和资源由谁获得。排名靠前的学生能够拥有许多特权，最重要的是将来毕业分配时能够获得好去处，甚至能够自行选择。综合排名或某个单项排名特别突出的学生会成为明星一般的人物，他们毕业时将会从美国总统或是美军最高首长手中获得毕业证书。很多赫赫有名的将军在西点军校的排名都非常靠前，最为典型的就是以全优成绩从西点毕业的麦克阿瑟。

西点军校的排名体系颇为苛刻，但是通过这种方式被训练出来的学员则很明显更能够吃苦耐劳。

西点名将艾森豪威尔从小就开始承担许多的家务劳动。他家有一块空地，父母在空地上种了不少蔬菜，几个孩子除了要打理这块菜圃，等到收获的季节还搬运这些菜去城里售卖。对于艾森豪威尔而言，贩卖这些菜所得的钱可是他和兄弟姐妹的学费。

有一年，艾森豪威尔的弟弟染上了猩红热，家里变得更加忙乱了。他的父母就把另外一件重任交给了艾森豪威尔，那就是为全家人做饭。

在此之前，艾森豪威尔从来没有学过做饭，但父母忙碌得根本没有时间指导他，于是他从生火切菜一步一步自己摸索，慢慢地他做出来的饭菜好吃起来，一个未成年的孩子居然能把一家人的饭菜做得有模有样，真可谓穷人的孩子早当家。

在人生之路上，没有谁能够一帆风顺，不经历任何的低潮和困境，也没有谁是永远的失败者。西点人都明白这样的道理，所以西点人从不会因为暂时的逆境而放弃拼搏，他们坚信：只要继续努力，就一定能战胜逆境，迎接人生的新高峰。

1943 年，美国的《黑人文摘》刚开始创刊时，前景并不被看好。它的创办人约翰逊为了扩大该杂志的发行量，积极地准备做一些宣传。

他决定组织撰写一系列"假如我是黑人"的文章，请白人把自己放在黑人的地位上，严肃地看待这个问题。他想，如果能请罗斯福总统夫人埃莉诺来写这样一篇文章就最好不过了。于是约翰逊便给她写去了一封非常诚恳的信。

罗斯福夫人回信说，她太忙，没时间写。但是约翰逊并没有因此而气馁，他又给她写去了一封信，但她回信还是说太忙。以后，每隔半个月，约翰逊就会准时给罗斯福夫人写去一封信，言辞也愈加恳切。

不久，罗斯福夫人因公事来到约翰逊所在的芝加哥市，并准备在该市逗留两日。约翰逊得此消息，喜出望外，立即给总统夫人发了一份电报，恳请她趁在芝加哥逗留的时间里，给《黑人文摘》写那样一篇文章。

罗斯福夫人收到电报后，没有再拒绝。她觉得，无论多忙，她再也不能说"不"了。

这个消息一传出去，全国都知道了。直接的结果是：《黑人文摘》杂志在一个月内，发行量由 2 万份增加到了 15 万份。后来，他又出版了黑人系列杂志，并开始经营书籍出版、广播电台、妇女化妆品等事业，终于成为闻名全球的富豪。

通往成功的道路从来就不会是一条风和日丽的坦途，相反，西点人认为只有经历过逆境并且克服了它，才是真正获得了成功。轻而易举获得的成就不会长久，经历过逆境，才是一个勇者最好的勋章。

西点人从不把逆境看成一种苦难，所以西点人能够在无论多么艰难的情况下依然坚持下去，并且最终完成任务。若要问他们，逆境是什么？西点人将毫不犹豫地告诉你：逆境只是一种环境，只是人们奋斗中的反向作用力，只是为了让你的成功果实品尝起来更加甜美的催化剂。

华盛顿从小的生活环境还不错，他的父亲是一个农场主，但是华盛顿却从未被娇惯得一点苦头都不能吃。

他 16 岁的时候就已经成为库尔裴波县的一名测量员，此后的两年中，他为了做到准确的测量，踏遍了美国弗吉尼亚西部当时还未开发的地区，经常在荒无人烟的地方进行长途跋涉，在艰苦的野外环境中学会了不畏辛劳。

正所谓百炼成钢，华盛顿所积累的吃苦耐劳的精神给予他未来的事业以许多的帮助，大陆军总司令和美利坚合众国的总统的光环回报了他的努力和坚持。

面对窘迫的环境、各种人为和自然的阻碍以及时代和社会的巨变甚至灾难时，我们不该灰心丧气，相反我们要把这种反向作用力化解为我们的动力,让它来激发我们前所未有的勇气,让我们积极开动脑筋利用自身资源,扫除一切障碍来达到我们的目标。

1809 年 2 月 12 日,林肯出生于肯塔基州荒凉的开拓地的一间木屋里,他的父亲是个贫穷的伐木工人。在林肯 7 岁那年,他跟随家人跋涉在荒草蔓延、尸骨横陈的小路上,来到了印第安纳州。

他的童年,用他自己的话说,是"一部贫穷的简明编年史"。像所有的移民孩子一样,他小时候什么活都干,练就了强壮的体魄和坚韧的毅力。与众不同的是,他出门干活总要带本书。他接受正规教育的机会少得可怜,据他自己回忆,"全部上学时间加起来还不到一年",学问都是"随手拣来的"。22 岁时他来到伊利诺伊州新塞勒姆,在杂货店当店员。他刻苦攻读语法、数学与法律,获得了律师资格,又先后当选为伊利诺伊州议员、联邦参议员,最终出任美国总统。

本杰明·富兰克林出身贫贱,他的父亲移民美国后,惨淡地经营着染色剂生意和皂烛生意,收入微薄得连孩子的学费也难以负担。小富兰克林只上过两年学。辍学后,他帮父亲制作肥皂和蜡烛、照管店铺、打杂跑腿,父亲也曾为他物色更有前途的职业,但是在这位工匠眼里,孩子能做的无非是木匠活、泥瓦匠活、铜匠活……当他发现小富兰克林特别喜欢读书时,就把他送到印刷所里当学徒工,富兰克林从这里起步,熟练地掌握了印刷技术,开办了自己的印刷所,办报纸、从事出版业,后来又进行科学研究,进入政界,获得了财富和地位。

许多人把贫穷当成一种苦难,而西点人并不这么认为。在西点,所有人都过着勤俭的生活,这里没有奢华的消费,没有华丽的服饰,伴随西点人的只有严苛的纪律、军规和西点人的荣誉。

在西点,无论你来自怎样的家庭,拥有多少财富,每个人都是相同的,唯一的称号就是:西点人! 所有的人都会自豪地告诉你,在西点人面前,没有逆境、没有失败,更不会被贫穷打倒。

贫穷是一种困难,但是它同样磨练我们的意志。贫困是可以打破的,它可以成为我们奋斗的开始。有很多人想要摆脱贫困,但是不肯付出努力。如果一个人不愿付出努力去战胜这样的逆境,而听天由命,那是永远摆脱不了贫困的,只能永远在逆境中挣扎。

美国最著名的企业家之一,查尔斯·齐瓦勃,童年时代家境非常困难,一贫如洗,他只受过很短时间的学校教育。从 15 岁开始,他在宾夕法尼亚的一个山村里做马夫,两年之后,他获得了另外一个工作机会,周薪 2.5 美元,但他仍然时时刻刻留心着新的工作机会。果然他又得到了一个机会,他应某位工程师之邀,去安德普·卡耐基钢铁公司的建筑工场工作,周薪由原来的 2.5 美元变为了 7 美元。做了一段时间后,他升任技师,接着一步步升到总工程师的职位。25 岁时,他晋升为那家房屋建筑公司的经理。五年之后,齐瓦勃开始出任卡耐基钢铁公司的总经理。到 39 岁时,齐瓦勃接过了全美钢铁公司的权柄。

英国著名铁器艺术家詹姆斯·夏普勒斯非常贫穷,但是他经常在早晨 3 点钟起床抄写那些他买不起的书。他愿意步行 18 英里到曼彻斯特去买一先令一件的艺术品。他宁愿在铁匠铺中干最累最苦的活,以便观察炉子加热的过程。他十分珍惜空余时间,见缝插针,虽然这些时间都是零散的。就这样,经过五年的努力,他完成了伟大的作品《化铁炉》。

在《启示录》中我们读到过这样的话:"勇于克服困难的人,我邀请他与我共享荣耀。"而在西点,同样有这样的认知:唯有那些能战胜逆境,从逆境中奋起的人才能走向成功,才能得享成功的荣耀。

没有经历过苦难的生命是不完整的。苦难能成全人生。当你身处逆境,几近绝望的时候,你要相信:困难是不可避免的,成功的"康庄大道"只是一个神话,相反逆境是我们通向成功所必须经过的考验和磨炼,我们只有经历并克服了它们,就能进入一片新天地。

从逆境中奋起,靠你坚定的意志和决心,穿越一切障碍和困境,不断斗争拼搏,不因为疲倦和失败停止前进的脚步,这样你就能征服一切,从许多人中脱颖而出,最终获得成功的奖赏。

爱默生说过:"浅薄的人相信运气,相信环境。他们天真地认为,由于某人正巧出生在这个家庭、叫这个名字或是碰巧在某个时候,某个地方,才会发生那样奇妙的事,如果换了一天,那就是另外一种情景了。而坚强的人相信因果。所有的成功人士在这点上都是一致的。他们相信事物的运行有自身的规律,但并不是靠运气;在最初和最终的事件之间,往往存在着密切、必然的联系。"

逆境只是我们通过成功大门的一块敲门砖。无论在哪种环境下,要想获得成功,困难、窘迫和痛苦就总是存在的。沿着平坦的大路走下去,你永远也看不到尽头,只能花一生的时间不停地走,最终碌碌一生;而如果你选择了那条布满荆棘,充满了困难的道路,那你就要坚定不移地走下去,只有这样才能得到应得的回报。

抱团才能打天下

　　西点学员日常流行一句话："精诚团结直到毕业。"在西点军校，大家信奉的是团结起来创造一种集体观念的气氛。军官在人行道上相遇，总是彼此问候致意；学员们总是自觉地帮助学习较差的同学；如果某人汽车坏在路上，毫无疑问，过路者一定会伸出援助之手。这是一种基本素养，是西点军校长时间形成的习惯。

　　黑格将军在尼克松政府里举足轻重，他从基辛格的副手一跃成为尼克松的右臂，成功的要素是夜以继日的艰苦工作，出众的战略眼光，政治社交能力，以及传承自西点的团体精神和团体协力作风。这位西点毕业生的助手几乎全部是西点人，他们共同努力，并且凭借直率而又真诚的团队精神，赢得了事业的成功。

　　黑格将军曾自豪地说："西点军校是一个团结一致的优秀典范，美国就是根据这种精神制定与执行国家各项政策的。"

　　所有的西点人都有着高度的团队意识，他们明白无论是否在战场上，拆散的箭总比捆起来的箭易折，只有抱团才能打天下。

个人英雄时代已经结束

　　提到西点军校，大家都会觉得这是英雄的摇篮。的确，西点军校是培养将军的地方，但是团队精神更是他们所推崇和强调的，试想如果每一位西点毕业生都只注重个人英雄主义，那么整个军队如何发挥协同效应,如果彼此磨合成一个有效的整体呢?

越是能够成为人们心目中英雄的强者,越是善于运用团队的力量,而不是张扬自己的独立英雄品质。比如西点军校毕业的著名总统艾森豪威尔就是如此。

1942 年,艾森豪威尔被任命为欧洲战区的司令官,被派往伦敦。当时艾森豪威尔并不出名,而且头衔仅仅是少将。在欧洲战区司令官这个职位下,有 366 名将军,军阶都比他高。而且盟军之中有美国人、英国人、加拿大人、法国人、荷兰人和比利时人,那么多国家所组成的盟军,语言、传统、训练习惯、利益出发点都千差万别。当艾森豪威尔得到这个职位的委任状时,有人不看好,有人不服气,可谓前途堪忧。然而,日后的事实证明,艾森豪威尔作为欧洲战区司令官非常成功,也成就了他日后从政最辉煌的政治资本。

艾森豪威尔到了伦敦之后,立即开始从美国军官内部进行团队合作的教育,要求他们与其他国家军官友好相处,对于无法贯彻团队精神的军官立即遣送回美国,绝不手软。而他自己也同样以身作则,与各国将军建立良好的关系,尤其注意与英国政治人物的联系,丘吉尔及其他军政要员对他都有很高的评价。

最经典的一件事情则是,在一次新闻发布会上,艾森豪威尔对记者们坦然公布了下一次盟军的攻击目标,记者们完全没有料到艾森豪威尔会公布机密信息,于是问艾森豪威尔:"您不怕这些信息被泄露出去吗?"

艾森豪威尔回答道:"当然担心,但是我相信我们的利益是一致的,相信各位的团队精神。所以我不打算审查你们的新闻稿,就看你们彼此之间的监督和责任感了。"记者们不禁感叹这种让他们彼此监督的方式真是又得人心又厉害的手段。而事实上那次军事信息也并没有被泄露出去。

艾森豪威尔深知他不可能靠自己一个人搭台唱戏,所以他懂得将重要的利益方捆绑在一起共同演奏,演奏成功或失败与众人密不可分,因此自然人人积极参与力求表现。艾森豪威尔的手段是一种团队精神和领导艺术的绝佳结合,要知道盟军往往因为习惯和利益有分歧最难管理,能否成功,要看团队成员是否能够放弃竞争,齐心协力精诚合作。

事实上,西点军校有着严格的处理战友关系的三句箴言:彼此和善(Be Kind),友好亲切(Be Nice),凡事沟通(No Surprise)。他们非常注重培养学员之间的感情,因为当这些学员成为一名真正的战士后,他们曾经的同学的情谊会让他们更懂得精诚合作。

巴顿将军是西点毕业的将军中比较著名和特别的一位,他的个人风格非常强烈,但是与人们想象的不同,他完全不是一个个人英雄主义者,而是非常强调团队的力量,并且懂得笼络人心把大家的力量拧成一股绳。

二战时,巴顿经常到军区的医院去给伤员鼓劲加油。当时美军在特洛伊伤亡不少,士气有些低落,于是巴顿带着40枚紫心奖章直奔战地医院。

他先是看到一位胸部受伤的士兵,大声说道:"好极了!我可是刚看到一个德国士兵既没有胸膛也没有脑袋呢。而且,我要告诉大家一个振奋人心的消息,相信你们听到这个消息会觉得自己的伤特别值得。因为你们,就是英勇的你们,已经解决了8万多的敌人,或直接干掉或俘虏。而且这只是官方的数字,我观察了一下,实际数字恐怕要多很多!小伙子,赶紧养好伤,战场上还需要你!"

接着巴顿走到另外一名戴着氧气罩的士兵身边，只见这位士兵已经处于昏迷之中。于是巴顿脱下头盔，跪在士兵床前为他戴上了一枚紫心勋章，并在士兵耳边说着一些鼓励的话语。

病房中所有的将士对于巴顿的鼓励都非常的感动，而且巴顿非常体恤下属，他曾经和上级说过："凡是受伤3次的士兵，应该立即送回美国，因为他们已经为国家尽力了。"

巴顿以体能和个人作战能力著称，但事实上，他在团队建设上更加有建树得多，绝不是一个单纯个人英雄主义的人。他在战场上带队伍时奖罚分明，有许多的举措都为人们所津津乐道。

有一次巴顿在病房慰问伤员，临走时，突然发现病床上躺着一个文弱的年轻人，仅仅服役8个月，看不出有哪里受伤。巴顿走过去拿起年轻人的病历看了一眼后勃然大怒。因为那年轻人并没有真的受伤，而是向医生声称自己不舒服才得以休息，而医生诊断后只能判断其患有"忧郁型精神病"。很明显，这个年轻人只是患有"胆小惧怕上战场"的病症。

巴顿一把将这年轻人从病床上拖起来扔了出去，并下令立即将这年轻人送往前线。病房中的士兵都非常惊讶，因为这样做巴顿可能会受到弹劾。这件事情确实曾经被美国媒体揪出来攻击巴顿，然而这年轻人却主动提出不想再纠缠此事。据说后来，这位年轻人在前线立下不少功劳，还获得了紫心奖章。

也有很多媒体非常支持巴顿的举措，因为在战场上，如果纵容变相的逃兵，那么将会是对那些敢打敢拼的战士士气的一种打击，如同巴顿这样处理问题，更能够让大家变得齐心协力同仇敌忾，因此巴顿这样做可不是因为脾气暴躁或是为了逞英雄。

如今已经是一个以追求团队绩效为主的世界，个人单打独斗的时代已经渐渐远去，团队合作将越来越频繁地被世人重复再重复。"单人不成阵，独木难成林"，比起单纯的个人英雄主义，拥有团队意识、善于团队合作的人无疑在学校中能够受到更多同学的欢迎和老师的认可。

当然，每个人心中难免都存有一些个人英雄主义的色彩，希冀能够得到别人的认同，渴望自己受到关注，这是很正常的心态。千百年来，英雄总是为世人所称颂。

但与此同时，英雄个人本领再高，还是离不开民众的支持和部属的努力。俗话说："一个好汉三个帮"、"红花还需绿叶扶"，英雄若没有背后强大的力量支持，即使他本领再大，也终无法翻手为云，覆手为雨，更何况是在如今一个讲求合作，重视团队、注重沟通和交流的信息时代。

想知道海豚是如何捕食的吗？当它们看到海洋深处游动着一个很大的鱼群时，它们即使非常饥饿也不会欣喜若狂地立马冲向鱼群，因为如果那样做的话，鱼群就会被冲散。

那么海豚会怎么做呢？它们会尾随在鱼群后面慢慢游动，并用特有的声音"吱、吱……"向大海的远方发出信号。于是，一只、两只、三只……越来越多的伙伴们游过来，加入整个队伍中并且一同发出讯号。当整个团队增加到五十位成员的时候，它们依然没有停止；直到海豚的数量汇聚到一百以上的时候，奇迹发生了：

所有的海豚围着鱼群团团环绕，形成一个球状体把鱼群全部围绕在中心。然后，它们分成小组并且秩序井然地冲进球形中央，慌乱的鱼群无路可逃，只能变成这些海豚的腹中佳肴。当中间的海豚饱餐之后，它们就会游到外围替换在外面工作的伙伴们，让它们进去享受美餐。如此这般不断地循环往复，直到最后每一位成员都美美地饱餐一顿。

试想，如果一只海豚发现了美食之后便急于求成，冲向前去猎食，即使它能抓住小鱼两三条，或许也能填饱肚子，而更多的"猎物"则在它捕食同伴的时候意识到自己的危险境地而迅即溜走，躲得远远的。

个体的力量终究是有限的，唯有团结起来协同作战，才能造就一个成功的团队，进而反过来成就所有团队个体的成功。在海豚的世界中，它们早已清楚地认识到这一真理并且积极地付诸实际行动。

曾经听过这样一则寓言：在非洲的草原上，如果见到羚羊在奔逃，那一定是狮子来了；如果见到狮子在躲避，那一定是象群在发怒了；如果见到成百上千的狮子和大象集体逃命的壮观景象，那就意味着整个蚂蚁军团来了。

蚂蚁军团的强大力量就在于此！纵然每一只小蚂蚁的力量在我们看来无异于一滴水之于整个大海，微乎其微，起不了任何作用，但成千上万的蚂蚁聚集在一起组成一个庞大的蚂蚁军团，就仿佛无数滴水汇成一条溪流甚至是汪洋大海，其力量便不容小觑了。

人多不一定力量大

有人曾经向西点军校当时的校长莱诺克斯提出这样一个问题："西点如何将个人英雄主义和团队合作精神有机统一起来？"

莱诺克斯校长回答道："一方面，我们注重学员之间相互友爱等方面的教育。但另一方面，我们深知，人多并不一定力量大，因此我们有个说法叫作：'你得合作，才能毕业'。有很多的项目，需要学生发挥各自的才能，整合效应才能得到实现。

"比如说，有的学生文化成绩好，但是体能锻炼成绩很差，而另外一些则可能恰好相反。那么我们就会将这两种类型的人组合在一起，让他们互相帮助共同毕业。"

西点军校深知，未来美国的陆军精英军官可不能互相拖后腿，他们必须懂得"人多不一定力量大"的道理，寻觅伙伴才能够得到更强大的力量。

一般情况下我们习惯地认为："人多力量大。"所谓"一人技短，二人技长"，所谓"三个臭皮匠，胜过诸葛亮"，等等。可见，群体意识自古有之。但是，经过有关专家长期的测试和分析，发现在群体之中，"人多"并不一定意味着"力量大"，其结论甚至有可能恰恰相反。

科学家瑞格尔曼曾经做过一个著名的拉绳实验。参与测试的人员被分成四组，每组的人数分别为1人、2人、3人和8人。瑞格尔曼要求各组用尽全力去拉绳，同时用灵敏的测力器分别测量各组的拉力。测量的结果颇有些出乎人们的意料：

2人组的拉力是单独拉绳时两人拉力总和的95%；

3人组的拉力是单独拉绳时三人拉力总和的85%；

8人组的拉力则降到单独拉绳时八人拉力总和的49%！

这个结论无疑彰显了这样一个事实：在群体组织中，并不必然会得出$1+1>2$的结果，一个普通的团队人数再多，并不必然能够战胜一个成员不多而真正高效的团队。$1+1=2$甚至$1+1<2$，都是有可能存在的。

下面这个故事，或许能够为我们揭开其中的因由。

天鹅、狗鱼和虾想要一同拉动一辆装有东西的货车，于是三个家伙套上车索，拼命地用力拉。可大家使出了浑身力气，车子浑然不动。

其实，车上装的货物并不算重，只是天鹅套着车索拼命向云里冲，虾则尽力向后倒拖，而狗鱼则直往水里拉动。

天鹅、狗鱼和虾，我们很难说究竟哪个是对哪个是错，总之，最终的结果是：车子还停留在老地方。

同样的，如果一个群体中的每个成员都各自为战，完全按着自己的喜好、自己的意志去做，那么纵然他们的大方向一致，也会因其互相之间的不协调而使自己所施展的力量化于无形，甚至起到反作用，最终无法走向共同的标的。

由此可见，力量的强大并不完全取决于群体中个体数量的多寡，组织内的成员如果不能协调一致地行动，就会很容易产生内耗，必然无法产生整体大于部分之和的协同效应。

只有抱团合作才能共同撑起一片天，个人能力的充分发挥，还需要依赖整个集体链的合作；过分夸大任何一个个体的作用，到最后都被证明只是一个笑话。

从前，有一位长者听到五个手指在议论：

大拇指说："我最粗，干什么事都离不开我，别的四个手指都没用。"

食指说："大拇指太粗，中指太长，无名指太细，小拇指太短，他们都不行。"

中指说："我的个子最高，只要我一个人就能做很多事。"

无名指说："人们都喜欢我，把戒指戴在我的身上，我最有用。"

小指说："他们长得那么长、那么粗，有什么用？我是小而灵，我的作用最大。"

长者听了它们的对话，语重心长地说："你们都说自己最有用，那么我就请你们来比一比，看看到底谁的作用大。"

这位长者拿出两只碗，其中一只里面放了一些小豆子，要求五只手指分别把这些小豆子拿到另一只碗里。结果可想而知，没有一只手指能完成这件事。

五只手指只有共同合作才有可能完成任务，如果相互之间无法实现协调，各自为政，必然步履维艰，处处碰壁。就连 60 年代最"个人英雄"的球王贝利也曾表过态："将比赛带向胜利的不是球星，而是那个团队。棒球虽然可以凭借一个投球手取胜，但足球绝不可能。再怎么有名的球员，能踢进一个球，也是因为有其他球员在适当的瞬间把球传给了他。"

生活在海边的人常常会看到这样一种有趣的现象：几只螃蟹从海里游到岸边，其中一只也许是想到岸上体验一下水族以外世界的生活，于是它努力地往堤岸上爬，可它无论怎样执著，却始终无法爬到岸上去。当然，这并非因为那只螃蟹选择了错误的路线，也不是由于它的动作太过笨拙、行动太过迟缓——而是它的同伴们不容许它爬上去！

每当那只有所企图的螃蟹爬离水面并即将爬上堤岸之时，其他的螃蟹就会争相拖住它的后腿，把它重新拖回海里。如此周而复始，最终谁也无法"逃出生天"。当然，如果你也曾偶尔看到一些爬上岸的海螃蟹，不用说，它们一定是单独行动才能够爬上来的。

所以说，如果常常拖人家后腿，那可就得当心自己向前冲时，没准前路也坎坷并且陷阱重重。而那些愿意发扬团队精神，诚心诚意帮助他人的人，则会在前进的道路上获得许多助力。有些人向前冲时阻力重重，有些人却助力多多，你愿意当哪一种人呢？

一个木桶由许多块木板组成。如果组成木桶的木板长短不一，那么这个木桶的最大容量并不取决于桶壁上最高的那块木板，而恰恰受制于桶壁上最短的那块木板的高度——这就是"木桶定律"。

从"木桶定律"中所蕴含的启示，我们了解到，决定一个团队战斗力强弱的并不是那个能力最强、表现最好的人,而恰恰是那个能力最弱、表现最差的落后者。最短的木板对最长的木板起着限制作用,制约着整个团队的战斗力,影响着整个团队的综合实力。

一个团队之所以不同于群体,关键就在于它实现了"整合汇聚"。真正高效的团队就像一个聚光镜一样,可以将一束束阳光汇聚到一起,从而产生巨大的能量。

如果将一个人融入一个团队,就会产生更大的磁场效应。这种磁场效应不仅能把众人的力量凝聚在一起,而且还会产生场内每一个团队成员的个人力量都无法企及的强大感染力,使整个团队趋向于一个完美的整体。

作为团队成员,我们必须明白,只有一个完全发挥作用的团队才是一个最具竞争力的团队;而只有身处一个最具竞争力的团队之中,个体的价值才能获得最大程度的体现,团队的成功就是个人的成功。

没有完美的个人,只有完美的团队

在西点军校体育馆的墙上,有这样的口号:今天,在友谊的运动场上,我们播下种子;明天,在战场上,我们将收获胜利的果实。

西点军校设置了大量的团队活动来帮助学生建立友谊和团队精神。而所有活动中最为著名的就是西点军校的"毕业墙"。西点军校第四十六期毕业生有这样一个惊心动魄的故事:

在西点军校第四十六期学员毕业的前一天晚上,他们执行离校前的最后一次水上巡逻任务。或许因为这是最后一次巡逻任务,因此学员们有所疏忽,巡逻艇撞上了在海面上的油轮。

当时正是深夜时分,油轮上的海员没有注意到这件事。巡逻艇已经开始漏水，学员们面临生死存亡。

他们唯一的机会，就是爬上油轮高达 4.2 米的甲板，然而在巡逻艇上没有任何攀爬工具。最后学员们通过搭人梯的方法爬上了甲板成功获救。

后来学员们把事件经过报告学校，西点军校也受此启发，在学校的训练场上搭起了高达 4.2 米的墙，每一期学员必须以 60 人为单位在 15 分钟内全部爬上高墙，后来这面墙就有了"毕业墙"的称号。

西点人在学校中培养起来的合作精神，在他们之后的工作和生活中也仍然发挥着非常重要的作用。西点校友之间的联络往来更是出名，西点校友们还建立了他们自己的一些投资基金会，为昔日战友的投资目标服务。可能有些校友之间从未谋面，但是一旦有所求，一般彼此都会尽力帮助，互相捧场。

西点校友中也不乏美国政界、军界、大公司乃至大学中的佼佼者，掌握权柄的也不计其数。西点人之间常常互相提供各种信息和机会，在工作和事业上互相帮助。一旦有人提出在某个方面"有问题"或者"需要帮助"，那么就会有战友帮忙考虑"在这个方面有谁是我们的校友，哪个校友对此最为熟悉……"然后就开始了"友军的火力支援"。

甚至在 20 世纪 90 年代，由于美国联邦政府财政赤字严重，因此美国国会曾经试图对西点军校的一些特权开支进行削减，但是西点人稍微动用了一下校友们在华盛顿的"关系"，结果这场来势凶猛的削减计划便很快烟消云散了。因此西点军校在美国三军军校中独享的一些特权至今仍然如旧。

西点军校还有一项比较特别的规定，那就是要尽可能多地将在校的学员的姓名熟记，因为这样才能够体会到他们是一个团队。为了能够让学员们有团队感，新生一入学，学校就为他们安排了很多的任务，要记忆一堆东西，比如会议厅有几盏灯，每天的日程表是什么样的，要丝毫不差，甚至会安排新生轮流到走廊的时钟下报出距离做某件事情还有几分钟，如果报错便会受到惩罚，而惩罚的内容是继续记背更多的信息，丝毫不许有差错，这样使新生能够迅速融入团队，并能够在今后的团队合作中有杰出的表现。

有时候，为了能够促进学员们之间的团结，学校还会为整个团队假想出一个"共同敌人"，以击败这个"共同敌人"来更好地激发团队的合作精神。

西点给学生的教育就是，凡事不应该仅仅立足于"我"，而是凡事能够考虑到"我们"，因此西点要求学生之间凡事都要互相通报。

比如新生们需要互相转告"每日一问"的内容，需要彼此通知第二天的制服要求，彼此提醒各种活动的禁忌，等等。在西点军校，一个学生了解情况之后，把信息发布在网络上，就能够帮助所有学生快速了解信息。

西点军校就是要让学生们知道，从加入西点的那一刻起，他们的观念中就不仅仅只有自己，而是一个团队。

许多西点名将都聊起过西点学生生活中"等待吹号"的乐趣。在西点军校，上课不能迟到，下课也必须准时。一旦下课号吹响，那么不管什么课程都必须立即结束。

因此学生们在同学遇到困难时，就开始了"等待吹号"的诡计。比如说，有哪位同学被老师点名回答问题，这位同学支支吾吾答不出来，在他非常窘迫的时候，就会有很多同学纷纷给予帮助。

帮助者会不断向老师提问，试图岔开老师的思路，或是让问题一环套一环没完没了，总之只要拖到"吹号"，那位答不出问题的同学就可以躲过一劫。

据说艾森豪威尔的好人缘就和他擅长帮助同学拖延至"吹号"不无关系。尽管这并不是值得推崇的行为，但是这种行为确实培养了西点学生们的团队意识。

曾看到过一份哈佛大学成功百分比的数据统计，在其关于获取成功所需的要素中，其比例大致是这样的：

小事成功：专业能力占 80%，人际关系占 10%，观念占 10%；

大事成功：专业能力占 20%，人际关系占 40%，观念占 40%。

毋庸置疑，这组数据有力地揭示出，小成功靠自己，大成功靠团队。如果你只想获取一些小小的成功，依靠你自己的学习能力或许绰绰有余；但若想成就一番大事业，依靠单枪匹马的个人行为已经难以达成，唯有善用团队的力量，发挥众人的才智，才能成就大事业，获取大成功。

据统计，诺贝尔获奖的项目中，因协作获奖的已经占到 2/3 以上，在诺贝尔奖设立的前 25 年，合作奖项占到 41%，而现在则跃居为80% 以上！

"一滴水怎样才能永不干涸？"正确的答案是："把它放进大海里去。"

一个人再完美，也不过只是一滴水，一滴水的力量再强大，也终究会消失于无形；一个优秀的团队就有可能是一条小溪甚至是一条大江，将每一滴水融入其中，就不必担心它们会干涸。

每年的秋天，大雁都会成群结队地飞往南方过冬，第二年春天再飞回原地。在长达万里的航程之中，它们要遭遇猎人的枪口，历经狂风暴雨、电闪雷鸣以及寒流与缺水的种种威胁——但每一年，它们都成功往返。它们是如何做到的呢？

每年的秋天，大雁们都要飞到南方去过冬。它们整齐地排列成"人"字形，在天空中飞行。为何它们要选择这样的飞行方式？经过有关专家长期的研究得出结论：雁群一字排开成"人"字型时,将比孤雁单飞提升了71％的飞行能量！当一只大雁拍击翅膀时,同时会为后面的大雁制造上升的气流。

而当领头的大雁疲劳时,它就会退到人字形队伍的后方,让另一只大雁占据领头的位置。后面的大雁则会发出"嘎嘎"的叫声,为前面的大雁鼓劲助威。

如果某只大雁不小心掉了队,马上就会感到独自飞行的强大阻力,因而,它不得不很快地寻找自己的团队并重新回到队伍中去。而当一只大雁由于生病或受伤而掉队时,总会有两只大雁随同它一起飞落到地面,协助并保护它,直至其康复,它们再组成自己小型的"人"字型,直到加入新的雁群,或者追赶上自己之前的团队。

孤雁难成行。对于大雁来说,互相合作已经不仅仅是一种精神,更是一种生存的技巧,如果某只大雁企图脱离团队而单独飞行,或许没飞出多远便因强大的阻力而无法前进甚至中途丧命。可以说,雁群因融入团队而求得生存,因脱离团队而险阻重重。

在十分危急的情况下,更应当发扬团结协作的精神,只有这样,才能获得最大的生存机会。这让人想到另一个故事:

在南美洲的草原上,有一种动物演绎过这样的故事:酷热的天气,山坡上的草丛突然起火,无数蚂蚁被熊熊大火逼得节节后退。大火的包围圈越来越小,渐渐地,蚂蚁们似乎已变得无路可走。

然而就在这时,出人意料的事情发生了:蚂蚁们迅速聚拢起来,紧紧地抱成一团,很快就滚成一个黑乎乎的大蚁球。蚁球滚动着冲向火海……

尽管蚁球很快就被烧成了火球,在"噼噼啪啪"的响声中,一些居于火球外围的蚂蚁被烧死了,但更多的蚂蚁却绝处逢生！

　　蚂蚁们的这一抱,是命运的抗争、力量的凝聚,是以团结协作的手段,为共渡难关、获求新生作出的必要努力和崇高牺牲。无此一抱,蚂蚁们必将葬身火海,精诚团结则使它们的群体得以延续!

　　时代需要英雄,更需要伟大的团队。一个人的智慧再高,能力再强,对于迅速膨胀的信息和全面爆炸、不断更新的知识也无法做到全面掌握,你表现得再出色,也无法创造出一个高效团队所能产生的价值。只要能够帮助团队成功,个人的荣耀也会水到渠成。

用西点军校的法则
标杆职业理想

☆ 为自己而工作，为荣誉而奋斗

☆ 不想当将军的士兵不是好士兵

☆ 用必胜的信念全力以赴

为自己而工作，
为荣誉而奋斗

　　美国著名的心理学家亚伯拉罕·马斯洛提出了人类心理的五种需求层次学说：第一层次基本的需要指对于食物和衣物的需要，以抵御饥饿和寒冷；第二层次安全的需要指对居住在一个可以感到安全的地方的需要；第三层次社交的需要指与他人分享兴趣、爱好和交友的需要；第四层次获得尊重的需要指对别人赞扬和认可的需要；第五层次充分发挥能力及自我实现的需要指对自我实现与充分发挥自身潜能的需要。

　　如果我们工作仅仅是为了实现温饱和安全的需要，那么不得不说这样一份工作虽然是必要的，但成果不免令人遗憾。我们花费了人生最宝贵的时光在工作上，却不能实现更高层次的自我需要，甚至不知道自己到底是为了谁而工作。

　　事实上，不管从事哪一份职业，都是为了自己而工作。为了温饱和安全也是为了自己，为了自我实现也是为了自己。然而，一样一份工作，为了获得尊重、认可和自我实现的去工作，还是为了温饱和安全而工作，其结果大相径庭。人们不仅仅因为生存而快乐，荣誉是人们愿意为之努力奋斗的目标。

　　为自己而工作，为荣誉而奋斗，才是开启职业理想的钥匙。

你为谁而工作

当你遇到一位成年人,为了辨识对方的身份并了解对方的基本情况,通常最直接的问题就是:"你是做什么工作的?"

这个问题能够帮助你基本定位对方的学历、经历和目前所处的生活方式。然后你们之间的交流从这个问题延伸开去:居住在哪里?在哪里上班? 共同认识的人有哪些? ……

即使对方目前处于非工作状态,通常对方也会回答道:"我如今已经不工作了,过去我是做……"而极少有成年人是从来未曾工作过的。

工作代表了一位成年人在社会上所拥有的属性,无论你是迫于生活所需,还是不愿终日无所事事,你终究需要一份工作来圈定你在社会上的固有位置。

当我们想要了解一个人的时候,或许可以首先看看他的工作态度和志向所在,这是了解对方最直接的途径。

我们需要工作——这是很多人知道的事实。没有工作就没有稳定的收入来源,要么活不下去,要么活得不好,要么活得不踏实。没有工作资历,不管做什么都很难获得他人信任,别人不明白你能做什么,做得到什么。没有工作经验的累积,即使拥有足够金钱,也会因为担心坐吃山空而缺乏安全感。

工作让人变得充实。工作的时候,时间是奢侈品,难以获取但绝对让人享受;没有工作的时候,时间是廉价物品,随时拥有但未必令人快乐。

如果一个人喜欢并且有能力进行他的工作,那么他就会在工作中最大程度地发挥他的才华和能力,不断自我创造和发展,实现自己的抱负。

因此我们并不是为了老板的监督而工作,而是为了实现自我而工作,为了自己而工作。

成功的人总是把工作当作一种实现自我的渠道,使个人价值得到确证和实现。因此他们能够在工作中激发出持久而强大的热情,并且能够从工作中感到快乐和满足。

工作并不仅仅是为了赚钱。如果工作只是为了一份收入,那么想想看,比尔·盖茨的财产净值大约是 466 亿美元,如果他每年用掉一亿美元,他也需要 466 年才能花掉这些钱,更何况这些钱还在不断地给他带来新的财富,那他为什么还要每天工作?许多看起来不需要工作的人事实上反而是最具工作热情的人。

我们从小就开始努力用功读书,增强自己的能力,而这些都可以在工作的舞台上获得充分的展现。这个舞台活动能够为我们提供高度的充实感、表达自我的机会、个人使命感和成就感,所以我们对待工作的态度和工作的结果往往决定我们生活的质量。

只有在工作中锻炼自己的能力,使自己不断提高,加薪升职便自然会来到你的身边,你也就向自我实现迈进了一步。反之,如果你在工作中得过且过,采取“混日子”的态度,那你就会被老板毫不犹豫地排斥在他的选择之外,机会之神也不会垂青于你。

那些只会抱怨而不会反思自己的工作态度的人,从不懂得珍惜自己的工作机会。他们仿佛永远是在为了别人而工作,为了赚取一份收入养家糊口而工作,如此浑浑噩噩地度日,终有一日会困扰于“自己究竟为了谁而工作”这样一个问题。

为个人荣誉而奋斗

自从 1853 年起,西点军校就形成了一个传统,每一位西点毕业生在正式通过了四年的磨炼顺利毕业时可以购买一枚特制的毕业戒指，戒指上面刻有美国军事学院(USMA)的字样及毕业日期和铭文，有些戒指上面还刻有主人的名字。

在西点军校的图书馆中，专门陈列有许多西点校友的毕业戒指，许多学生去世或在战场上阵亡后将戒指捐献给学校，这些戒指按年份和军衔排列，记录着西点的荣光与辉煌。曾经有个学生违反了西点的荣誉准则，虽然之后可以继续留校，但许多校友在这个学生毕业之后都试图追回他的毕业戒指，认为他不配拥有西点光荣的象征。可见西点人对其荣誉准则的捍卫。

荣誉是职业军人的行为标志，是军事生涯的重要组成部分，对于一个军人来说，荣誉即吾命！既然投身军营，要在军事领域奉献青春年华，就要有强烈的成就欲，有强烈的荣誉感。通过成就创造荣誉，通过荣誉感取得更大的成就，西点对此坚信不疑，也始终把荣誉教育优先予以考虑。

西点新生一入学，就要首先接受 16 小时的荣誉教育。教育只要用具体事例说明珍惜荣誉的重要性和方式方法，以及荣誉感对一生的好处。然后，以不同的方式将荣誉教育体系地贯穿于 4 年学习生活的始终。目的是让每一个学员逐步树立起一种坚定的信念：荣誉是西点人的生命。

陆军的菲尔将军说：在西点军校，荣誉制度是非常重要的，我认为，这一荣誉制度是西点军校不同于其他学校的要害所在。我非常珍惜这一制度，如果我们去掉它，我宁愿从后备军官训练团和候补军官学校接收陆军军官，而把西点军校忘掉。这就是荣誉制度上重要性所在。

一个西点的军人挣的薪水哪怕是最低收入，他也觉得自己是这一伟大事业中很重要的一份子，视军人为最大荣誉，把自己的一生与西点军人紧紧联系在一起。

西点1972年毕业生，Korn公司总裁杰夫·钱皮恩曾说过："做人与做生意一样，首先都要讲究正直，而正直给你带来的荣誉也会让你得到更大的回报。"杰夫退役后曾在一家机器公司当销售经理。有一段时间，他推销机器非常顺利，半个月内就同25位顾客做成了生意。

有一天，他突然发现他所卖的这种机器比别家公司生产的同样性能的机器贵了一些，他想："如果顾客知道了，一定以为我在欺骗他们，会对我的信誉产生怀疑。"于是，深感不安的杰夫立即带着合约书和订单，逐家拜访客户，如实地向客户说明情况，并请客户重新选择。

他的行动使每个客户都很受感动，为他带来了良好的荣誉，大家都认为他是一个值得信赖的正直的人。结果，25人中不但没有一个解除合约，反而又给他带来了更多的客户。

杰夫冒着解除合约、蒙受利益损失的风险，用自己的正直、诚信维护了个人的荣誉。正是因为他看重自己的荣誉，才获得了客户更多的信任与尊重，非但没有蒙受损失，反而获得了更多的客户。

在工作中，无论什么时候，我们都应该意识到：我们工作的目的不仅仅是薪酬，而是个人的能力提升，是个人价值的体现，是个人荣誉的获得。

戴维·布瑞纳出身于一个贫困但很和睦的家庭，但后来通过自己不懈的努力成为了美国著名的喜剧演员。

在他中学毕业的时候，他的许多同学都得到了新衣服，甚至有些富家子弟得到了新轿车。但当戴维跑回家，问父亲他能得到什么礼物的时候,他拥有了世界上最好的礼物。

父亲从上衣口袋里拿出一枚硬币轻轻放在戴维的手上。父亲对他说:"别人送给你的任何东西都是有限的,只有你自己才能赚下一个无限的世界。用这枚硬币买一张报纸,一字不漏地读一遍,然后翻到分类广告栏,自己找个工作。到这个世界去闯一闯,它现在已经属于你了。"

戴维曾经一直以为这是父亲同他开的一个天大的玩笑。几年后,戴维去部队服役,当他坐在散兵坑道里认真回首他的家庭和他的生活的时候,戴维才意识到父亲给了他怎样一件珍贵的礼物。

中学毕业时,他的那些朋友得到的只不过是衣服或者新车,但是父亲给予他的却是整个世界。这是世界上最好的礼物。

为自己而奋斗是西点教会学员的一项重要理念。新生从加入西点开始,流过的每一滴汗水,付出的每一分努力,都是为了获得成就和认同,赢得组织以及个人的荣誉。

正因为每一位西点人都有着严格的荣誉精神,因此每一位西点毕业生都能够昂首挺胸地走出校园,因为他们从没有荒废这四年的每一刻时光。他们从此以后可以骄傲地称自己为成功的西点人,并与无数前辈共享这样的荣誉。

当他们踏上工作岗位之后,仍然会将这种经过四年根植于骨子里的荣誉感用在工作之上。他们永远清楚自己在为谁而工作,永远保护着自己的个人荣誉。这或许就是他们成功的秘诀之一。

公司是你的船

工作是自己的,荣誉也是自己的,但是作为一名企业员工,想要实现工作目标，维护个人荣誉，就必须具备充分的主人翁精神，而不是将自己的工作和荣誉与企业分割开来，各行其是。

一个公司就是所有员工的船，在这艘船上的所有员工都是水手，他们方向一致，共同前行，彼此之间的利益休戚相关。

一个新加坡的企业在一次公司集体旅游时，一行六人乘坐一艘木船要渡过一条河，老船工使了很大的力气向前划，可是船的行进速度仍然很慢。

恰好旁边有一个空着的船桨，于是，六人中的一位企业领导者就拿起船桨帮助一起划船，当其他的五个人看到这种情形，也就都用手划着水，帮着划船，这样一来，船的速度一下子就快了许多。因为所有船上的人都成了划船者，而不是单纯的坐船的人。

在那一刻，这位企业领导者深深地意识到：公司是所有员工的船，只有船上的每一个水手都努力地向着一个方向共同划船，这艘大船才可能顺利地到达理想的彼岸。

这个公司当时正面临着比较危急的状况。当这位企业领导者回到公司后，马上就开展了一项"人人做水手"的活动。活动的目的在于让每个员工都发挥自己的主动性，找到公司陷入危机的原因，找到公司亏损的问题所在，一时间，整个公司群情振奋，每个员工都力图把工作做到最好。这家公司在不出一年的时间中实现了扭亏为盈。而在这个过程中，公司中也有好多的"水手"成长了起来，不断地得到相应的提升。

我们无论在什么公司工作，都应该将所供职的公司当成一艘载着我们驶向理想彼岸的船，我们也是船上的水手，我们要成为船上优秀的水手，在自己的岗位上多作贡献，为了公司这艘船能够更快地向前行驶作出自己的努力。

公司是一艘没有乘客的船，船上的每一位员工都是水手，各司其职，而不是像个看客一般，隔岸观火。员工的利益实际上与公司的利益是一致的。要想实现自己的利益，那么就要全员共同努力，才能又快又安全地到达彼岸。

当员工加入一家公司的时候，就相当于上了一条远航的船，在船上每个人的方向都是一致的，如果在途中遇到风浪，那么每个人的命运也都一样，只有共同努力克服困难，才能够抵挡暴风雨，才不会沉没，才能够意气风发地扬帆远航。

要记住，在企业的船上是没有乘客的，如果你无意中选择了乘客这样的角色，那么，你在工作中也就成了旁观者，在工作中就会不断地找借口，推卸责任。那么在这时，你就失去了晋升的机会。

而且你也不会永远都是这艘船上的乘客。因为，当船在海上航行时，总会遇到问题，这时候，必须抛弃一些东西。首先，被抛弃的便是那些无用的东西。同样，当企业遇到问题需要裁撤员工时，最先被裁掉的就是那些于企业无用的员工。

如果企业中的每一位员工都能够为了自我实现和荣誉而工作，又懂得与所在企业共同前行，那么这个企业何愁不能成功，其中的员工又何愁不能获得更高的回报？

不想当将军的
士兵不是好士兵

美国某记者所著的《"西点"人和"西点"精神》一书中提到西点军校的一句口号:"西点军校——永恒的领袖。"

事实上,在西点二百多年的历史中,为美国培养了无数军事家、政治家和企业家。每一位西点人无不以这些西点领袖为自己的榜样,从而追逐自己的梦想。

不想当将军的士兵不是好士兵。西点人立足高远,志在成为不同行业的翘楚。

西点军校的毕业生们在毕业时都会非常希望进入美军中的两大王牌精锐部队——第82空降师和第101空降师。这两个师现任的少将师长都是西点军校毕业的。

能够进入这两个王牌师,在这两个师中直接带兵的基层军官,历来都会被看作军人事业中重要的里程碑。其中第82空降师曾经在20世纪90年代的海湾战争中和2001至2002年的阿富汗战争中首先杀入战场,至今仍有部分第82空降师驻扎在阿富汗。而当美国国内需要用兵时,也首先会考虑到第82空降师,常常派这支部队执行重要任务。因此第82空降师便成了雄心勃勃的西点军校毕业生最向往的地方。

与第82空降师齐名的另一个王牌师就是第101空降师。这个师也是一个多兵种的合成作战部队。这支部队在2003年的美伊战争中也全部出动,立下汗马功劳。

除了这两支王牌部队之外,还有很多精锐部队也都是西点毕业生所向往的。例如,美国海军的两栖作战王牌"海豹突击队"、"绿色贝雷帽"突击伞兵部队等,这些特种兵以小单位独立行动,也会附属于某大部队。而2003年长驱直入伊拉克直捣巴格达的美国陆军第三机械化步兵师也成了美国家喻户晓的一支劲旅,同样也是西点毕业生希望加入的部队。

西点毕业生之所以主动选择王牌之师,就是因为有着更高的职业理想,不能仅仅当一名士兵而是希望成为一名将军。因此,西点军校对在校生非常注重领导力的发展,教导西点人懂得杰出领导的最佳行为。

杰出领导的最佳行为

作为西点校长,也是西点的毕业生,约翰·斯科菲尔德将军曾这样说:"……最好、最成功的指挥官,都是因为公正、坚定,加之和蔼亲切,才得到其下属的敬重、信赖和友爱。只有用这样的态度和方式,才会让他的命令在士兵心中激起除了服从再无其他的热望,发布指令和下达命令才能令行禁止。"

在西点,指挥官与下属之间讲求的是信赖,是忠诚,是尊重。

无论在什么样的组织中,都应该讲求尊重式的领导。麦克阿瑟手下的西点教员林肯·安德鲁(Lincoln Andrews)曾这样讲述西点军人应有的领导方式:"或许每一位军事领导人应当具有的最重要的基本认识就是:每一个人都深深渴望保持自尊,都有权要求周围的人认识到他的自尊。……领导者必须拿出时间来倾听下属的心声。一本正经地说'我没有时间'很容易,但是领导者每做一次这样的事情,就等于抛弃了团队精神。"

西点毕业生丹尼斯·P.欧尼尔在其作品《西点领导课》中提到：

美国军队推出了一个称为"长凳计划"的项目，"长凳"是棒球比赛中的一个术语，是说一个成功的团队只要从左到右扫视一下赛场边的长凳，就能准确叫出候补队员上场比赛。"长凳计划"意在培养一代能够高水平执行使命的领导者。

一个组织要想发展一项"长凳计划"，其领导者必须同时是具有战略眼光和创造性的思想家、团队建设者、有能力的专业管理者和出色的外交家。自我意识是培养有效领导者多样技能的最重要基石。

丹尼斯在作品中总结了西点式不同级别领导者应具备的最佳行为模式。

下级领导者应具备的最佳领导行为包括：

真正有兴趣地倾听；或许必要的信息。

值得信赖，可以依靠；让人们愿意向其征询意见。

公平地和一致性地执行标准；在正确的时机作正确的决策。

有效管理资源；明晰优先事项；提供有用的反馈。

决策时征求并综合其他观点；压力下仍能出色表现。

有魄力。

而他总结高级领导者所应具备的最佳领导行为包括：

在压力下保持冷静；纵览全局，熟知背景，展望远景；快速适应新环境和需求。

明细任务、标准和应优先完成的任务；有效处理坏消息；高标准严要求。

走出指挥总部，下到基层；懂得授权，不需事必躬亲。

建立较高的道德标准。

鼓励、支持领导与下属之间的团队合作。

积极主动，善于鼓励人心，具有现实的、乐观的精神。

事实上，对西点人而言，如果要作为一名高级军事指挥官，则在领导力上有更高的要求，他们还需要通盘思考，把握全局；以身作则，身先士卒；能前瞻性思考，预见到组织的需求，并且需要更高的价值观准则。

向老兵学习，以上司为榜样

"以上司为榜样"，是西点人必须谨记和遵守的原则之一。它体现了一种对上司的尊重与服从，更是一种对于上司、对于军队的忠诚。

著名的巴顿将军就曾经被布雷德利将军这样评价："他总是乐于并且全力支持上级的计划，而不管他自己对这些计划的看法如何。"

服从上司是军人的天职，不论你怎么看待这项命令，只要它是符合军队的原则，没有抵触到你对军队的忠诚，那就必须服从。

西点强调"以上司为榜样"，其实是要从侧面强调和训练学员的忠诚和服从。试想，一个轻视自己的上司，认为上司没有什么值得自己学习的人怎么可能谦逊礼貌，受人欢迎？怎么可能忠于自己的国家？怎么可能服从上司的命令并且完美地执行任务呢？

ITT公司总裁阿拉斯考格这位昔日的西点学员这样说："我们所要学习的对象就在我们眼前，指挥官无疑是我们的榜样。我们要严格遵守上级给我们的一切命令，绝对服从，这是一个合格军人的天职。"

以上司为榜样，能避免犯低级的错误。作为一名上司，他会比你更了解全局的情况，更清楚军队或是一个企业的根本利益在哪里，从而根据客观环境作出最合适的决策。在这样的情况下，作为一名部属，你所要做的就是以你的上司为榜样，竭尽全力做好你应当做的。唯有以上司为榜样才能了解上司，才能忠诚于他。

以上司为榜样，但是并不是绝对地盲从上司，不是愚忠。"忠诚不是愚忠，服从不是盲从，如果长官错了，你还是盲从于忠诚于他，你就是愚昧的人。"道格休斯上校曾经这样对士兵们说。试想，上司如果背叛了原则，难到你也以他为榜样背叛原则，背叛国家吗？答案当然是不。

或许你并不认为你的上司有什么优点，但是你仍然应该以它为榜样。因为他之所以能成为你的上司，就必定有其超越你的地方，而这个闪光点就是你应该学习的方面，也应成为你尊重上司的原因。

西点军校的另外一个特别之处在与，很多胸怀大志的年轻军官都是由学长们培养出来的，而并非是军官或指导员。这些学长们在几个月的时间里悉心指导新学员，把他们努力培养成合格的西点军官。

学长们对待新学员是相当严厉的，可是，新学员对他们既害怕，又服从，尊敬、钦佩他们，真心实意地从他们那里学习如何在战场上生存的本领。

所有的新学员都会在学长身上看到与众不同的过人之处，西点新学员几乎把学长看成自己的老师，努力在学长身上学得这些能力。而相应的，西点的学长也非常注重以身作则。

无论是以上司为榜样，还是上司必须以身作则，都是西点精神所强调的。只有两者的完美结合，才能造就有高度凝聚力的团队。

巴顿将军的回忆录中收录了他于 1943 年 7 月 18 日从西西里发出的一封信里，信里有这样一段话：

"不久前的某一天，威廉·达比上校被提升为一个团的团长。级别提升了一级，但他拒绝接受，因为他愿意与他训练出来的士兵呆在一起。同一天,艾伯特·魏德迈将军请示降为上校,为的是能够去指挥一个团。我认为这两种行动都很棒。"

这就是西点所提倡的上司与下属之间的忠诚,互相尊重。

"以上司为榜样"同样适用于企业。对于员工来说,以上司为榜样就意味着尊重你的上司,学习你的上司,执行上司给你的任务,只有这样你才能在企业中获得上司的赏识,并脚踏实地地前进。而对于一名领导者来说,"以上司为榜样"无疑就像时刻提醒自己要以身作则的警钟,时刻保持高度的责任感。

用必胜的信念全力以赴

西点军校有一条学生们挂在嘴边的信条：Can-do and Winning Attitude——必胜的信念。无论是面对学生的学习排名，或是体育赛事的名次，又或者是学生被赋予的挑战任务，学生都必须具有一种必胜信念，他们的口号是：We can do it——没有什么不能搞定的。

当西点军校面对校际比赛时，无论什么类型的比赛，全校上下都会一致对外在气势上压倒对方。非常有趣的一件事情是，西点如果要公布一项赛事情况，他们从来不会说"西点军校将于什么时间与什么队伍比赛什么项目"，而是会宣称"西点军校将于某月某日某时某地打败某校的某个队伍！"只因他们的口号中不存在失败的可能性。

西点军校的必胜信念

西点拥有无与伦比的必胜信条，使得他们成为各项赛事的常胜将军，就连西点人看似不太擅长的辩论赛，他们都能多年保持全美前十名的战绩。

这就是西点军校的必胜信念：没有什么事情搞不定，我一定会赢！做完一件事之后，不论结果，先自问：在做这件事的时候，自己是否全力以赴了？这就是西点人的做法。

美国海军陆战队深知必胜信念的重要，因而总是引导官兵一心一意想着胜利，而不是失败，并在每一种场合以各种方式重复相同的信息：海军陆战队、美国民众、全世界都预期他们会胜利，就连敌方不少人也预计他们会获胜。

在新兵训练营，每一天教官不只一次地讲述海军陆战队的成功史，每一个障碍训练课的场景里都张贴着已经发黄的陆战队英雄照片，每一条街道都以成功战役命名，即使是日常生活使用的词语，几乎也包含着胜利的寓意。他们称掩闭壕为"战壕"，他们从不说"撤退"，而是说"攻击后方"。

海军陆战队就是这样在军中倡导、营造致胜氛围，树立致胜意识的，从而使每个陆战队官兵在胜利的鼓舞和感召下，一心想着胜利，一心向着胜利，奋不顾身地穿越在枪林弹雨和生死线上，夺得一次次辉煌的战绩。

著名投资专家约翰·坦普尔顿通过大量的观察研究，得出了一条很重要的原理："多一盎司定律。"盎司是英美重量单位，一盎司只相当于1/16磅。但就是这微不足道的一点区别，却会让你的工作大不一样。他指出，取得突出成就的人与取得中等成就的人几乎做了同样多的工作，他们作出的努力差别很小——只是"多一盎司"。但其结果，所取得的成就及成就的实质内容方面，却经常有天壤之别。

无论在什么领域，一个成功者的成功之处往往就在于他比别人总是多付出一些，比他人多向前迈进一步。谁能多努力这一点，多前进这一步，谁就能获得千百倍的回报，能获得成功！

要"多加一盎司"，多付出一些努力并不难，比之前付出99％的努力要容易多了，但就是这最后的1％却能带来成功与失败的差别。在球队中，一个比别人多一些练习，多用一点心的队员往往能成为球队的主力，甚至明星；在企业中，一个比别人多做一点，哪怕不是自己份内的事也尽心尽力的员工,往往能得到老板的赏识,进而获得更好的发展。

100％的成功需要100％的意愿。成功的一切结果都是建立在尽职尽责做好日常工作的基础上。不要小看一些小事,它往往成为决定成败的关键

在艾森豪威尔年轻的时候,有一次晚饭后和家人玩纸牌游戏,连续几次抓到了很差的牌,于是他就变得很不高兴,开始抱怨个不停。

这时艾森豪威尔的母亲停下来,神情严肃地对他说:"如果你要玩,就必须用手中的牌玩下去,不管那些牌怎么样。人生也是一样,发牌的是上帝,不管怎样的牌你都必须拿着,你能做的就是尽你全力,求得最好的结果。"

很多年过去了,艾森豪威尔一直牢记着母亲的这番话,从未再对生活有过什么抱怨。因为他明白只有以积极乐观的态度去迎接命运的每一次挑战,尽力做好每一件事,才能最终获得你想要的。他也最终从一个默默无闻的平民家庭走出来,一步步地成为中校、二战盟军统帅,并最终成为美国历史上第34任总统。

不管我们手里是怎样的牌,都要认真地玩下去,争取最好的结局,因为这些牌是我们手中仅有的资源。我们唯一的出路就是运用我们仅有的资源,拥有必胜的理念,去夺取最佳的成绩。

必胜信念就是永远都用百分百的努力去做每一件事情,就是在失败了多次之后依然有信心再试一次,就是在每一次的工作中多加一点努力。所以,必胜信念除了要有必胜的信念,还需要我们有"比别人多做一点"的用心。

永远没有失败，只是暂时停止成功

西点有这样一句名言深深感染着我们：永远没有失败，只是暂时停止成功。西点的著名学员、巴拿马运河的总工程师戈瑟尔斯也曾经这样说过："能够多坚持一分钟，是强者和平庸之辈的分水岭。"

失败与成功总是紧紧相连，成功常会成为下一个失败的原因，反之，任何失败也都可能因智慧和努力而成为下一次成功的原因。人们最常处在成功与失败的分界点而不自知，在即将获得成功时却放弃前行，在成功的门前停止了坚定的步伐，终与成功失之交臂，殊不知可能只要多迈出一步，便是另一片天空。

失败者与成功者最大的区别就在于成功者永远比失败者多走一步，多在跌倒后爬起来一次。所以成功者见到了胜利的曙光，而失败者却永远停留在黑暗中。

毕业于牛津大学的英国前首相丘吉尔一生最精彩的一次演讲，也是他最后的一次演讲。

在剑桥大学的一次毕业典礼上，整个会堂有上万个学生，他们正在等候丘吉尔的出现。正在这时，丘吉尔在他的随从陪同下走进了会场并慢慢地走向讲台。他脱下他的大衣交给随从，然后又摘下了帽子，默默地注视所有的听众。

过了一分钟后。丘吉尔说了一句话："Never give up！（永不放弃!）"丘吉尔说完后穿上了大衣，戴上了帽子离开了会场。这时整个会场鸦雀无声，一分钟后，掌声雷动。

"永不放弃"或许是面对困难最好的方式。丘吉尔曾经这样说过：

"某些人早年生活中的艰难逆境、厄运灾难所引起的痛苦、蔑视和嘲笑的刺激,形成了坚忍不拔的意志和天生的智慧。而没有这些品质,就很难完成伟大的事业。"

成就大事业者都有一份"永不放弃"的决心,坚持到底是他们共同的品质。例如,富兰克林如果没有坚韧的品质,是根本不可能当上美国总统的。当他在律师界初露锋芒的时候,他因为一些问题几乎陷于彻底的失败。尽管当时他十分苦恼,但他没有像其他人一样,气馁或是放弃。他说,他将尝试999次,如果还是失败的话,他将进行第1 000次的努力。

面对失败,永不放弃是最美妙的语言;面对成功,永不放弃是最完美的注解。

有了这样一种永不放弃的坚韧精神,就没有什么事做不成的。因为世界上没有任何困难能够阻挡住这样的精神和毅力。

在一个非常寒冷的冬天,一座城市被包围了,情况非常危急,如果第二天下午不能够联系到援兵,这座城市将会完全沦陷。于是守将派遣了一名士兵去河对岸的邻城求救。

当这名士兵赶到渡口时,却没有看到船的影子,兵荒马乱,船夫早已逃难而去了。士兵心急如焚,是赶回城里向守将汇报,还是继续等待?

太阳下山,夜幕降临了,到了半夜气温更是急转直降,天空似乎飘起了鹅毛大雪。无边的黑暗和刺骨的寒冷包围着这名士兵,恐惧和绝望让他度过了难熬的一夜,但是他始终没有放弃,他对自己说:不到最后一刻,不能轻言放弃。

终于朝阳升起,太阳再次照耀了这片大地。这名士兵惊喜地发现,那条不可阻挡的大河上结起了一层冰,冰冻得很结实,足以让他和马匹安全通过。他欣喜若狂地走过河面，通知了援军。这座城市就这样得救了。

在西点，学员们学会了几乎所有成功人士的共同特点——坚韧。没有任何东西能够代替坚韧的品质在成功之路上的地位。在西点人眼中，一个才智平平但是拥有坚韧品质的人远比一个聪明但是缺乏坚韧的人容易成功。

坚韧的品质是获得最终胜利的基石，没有坚韧，就没有最后的胜利。哪怕你有天赋，有金钱，有地位，有学识，只要你没有向着成功的目标前进的坚韧的品质，你一定不会获得什么成就，因为这最终结果的差别，往往就是坚忍不拔的品质起着关键的作用。

许多人有获得成功的资本却最终没有能够获得成功，这是为什么？不是因为能力达不到，也不是因为没有对成功的渴望，根本的原因就是没有具备坚韧的品质。

一个拥有坚韧精神的人一定不会怀疑自己能否成功，也从来不惧怕失败，因为他们有必胜的信心和坚韧的精神，只知道不断向前冲，不断向目标靠近。失败一次没什么，爬起来继续前进就行；失败了许多次也决不气馁，因为再试一次就可能成功。

无论别人觉得你如何愚笨，无论你失败了多少次，只要你选择坚强，选择坚韧，选择不放弃，那么即便再失败一千次，还可以第一千零一次爬起来，再一次扑向成功的怀抱。

1832年的美国，有一个人和大家一块儿失业了。他很伤心，但他下决心改行从政。他参加州议员竞选，结果竞选失败了。他着手开办自己的企业，可是，不到一年，这家企业倒闭了。此后几年里，他不得不为偿还债务而到处奔波。

他再次参加竞选州议员，这一次他当选了，他内心升起一丝希望，认定生活有了转机。1851年，他与一位美丽的姑娘订婚。没料到，离结婚日期还有几个月的时候，未婚妻不幸去世，他心灰意冷，数月卧床不起。

第二年，他决定竞选美国国会议员，结果仍然名落孙山。但他没有放弃，而是问自己："失败了，接下去该怎么做才能获得成功？"

1856年，他再度竞选国会议员，他认为自己争取作为国会议员的表现是出色的，相信选民会选举他，但还是落选了。

为了挣回竞选中花销的一大笔钱，他向州政府申请担任本州的土地官员。州政府退回了他的申请报告，上面的批文是："本州的土地官员要求具有卓越的才能，超常的智慧。"

接二连三的失败并未使他气馁。过了两年，他再次竞选美国参议员，仍然遭到失败。

在他一生经历的十一次重大事件中，只成功了两次，其他都是以失败告终，可他始终没有停止追求。1860年，他终于当选为美国总统。他就是至今仍让美国人深深怀念的亚伯拉罕·林肯。

在许多时候，我们遭遇失败就是因为我们缺少那一点点坚持，一点点执著，一点点不屈不挠的毅力。分明成功的曙光就在眼前，但是我们却没有信心和毅力再坚持下去，结果从前所遭受的艰难困苦也都白费。

所以，永不言败，对于那些准备从芸芸众生中脱颖而出的人来说是十分重要的品质。放眼世界，那些令我们遗憾和不快的失败多半就是因为没有坚持，当事人缺乏一种永不言败的精神，遇到了困难、遭受了挫折就放弃。

虽然林肯一生经历的十一次重大事件中只成功了两次，但凭借着他不懈的努力和追求,在多次失败的情况下依然不气馁,重头再来,终于当选了美国总统,至今仍被世人所怀念和称颂。或许他没有傲人的才华,没有惊人的智慧,但就是那种不放弃,不服输的品性让他走得比别人更远,能获得非凡的成功。

如果经历了多次的失败,你会就此放弃自己的理想,从此停滞不前乃至后退吗?如果你依然坚持了,总结了失败的经验教训继续前行,相信最后也会成功的,如同林肯一样。

有伟大理想的人,即使再多的失败和拒绝,再坚固的铜墙铁壁也阻挡不了他前进的脚步。对理想的执著追求来之不易,所以很少人成功,而多数人以失败而告终。

地球上最小的溪流,因为终年不断地流淌也能穿凿出一条山谷;一个普通的砂轮也能把坚硬的铁斧打磨得光亮如新;普通的水滴十几年如一日地在同一位置滴落,也能把一块坚硬的石头凿出一个洞来。而最猛烈的风暴尽管能摧毁许多村庄,把大树连根拔起,但是过后就什么痕迹都没有了。

所以一切贵在坚持,只要坚持,哪怕是弱小的力量也能创造出意想不到的效果。永不言败就是一种勇气,一种不达目的誓不罢休的勇气。

坚韧的品质帮助那些想要成功的人在无论面对什么样的困境时都不轻言放弃,不管环境怎样、情绪怎样、别人的看法怎样,都决不气馁,心里只有想着要努力努力再努力,并最终因为这坚韧的品质而成为杰出的人物。

西奥多·凯勒博士说过:"许多人缺乏一种持之以恒的、不达目的不罢休的态度,这一点非常令人遗憾。他们不乏冲动的热情,却缺乏维持这股热情应有的毅力,因此显得脆弱。只有当一切都一帆风顺的时候,才能开展有效的工作。但一旦遇到挫折就又垂头丧气、丧失信心。他们缺乏足够的独立性和创造力,总是重复着别人做过的事。"

你不是林肯,你不是丘吉尔,你也可以不是西点的学员,但是只要你也有这种锲而不舍的坚韧精神,那么,成功很有可能已经在你的窗前了。

曾任西点军校校长的克里斯曼中将说过:"信心和毅力,比西点军校的毕业证书更重要。"西点军校就是本着这样的精神告诫着所有向前迈进的人:西点不相信眼泪! 成功也不需要眼泪和抱怨,而需要付出和汗水!

www.ingramcontent.com/pod-product-compliance
Lightning Source LLC
Chambersburg PA
CBHW071546200326
41519CB00021BB/6629